Campo abierto

Campo abierto

Lecturas sociopolíticas de Hispanoamérica

Mary Jane Treacy
Simmons College

Nancy Abraham Hall
Simmons College

HOUGHTON MIFFLIN COMPANY / BOSTON
Dallas   Geneva, Illinois   Hopewell, New Jersey   Palo Alto

For their help and support the authors would like to thank the following friends and family members: Bat-Ami Bar On, Stephen Hall, Lilian Gould, James Duffy and Mae Duffy.

COVER: *Untitled*, mixed media work by *Maria Luisa Pacheco* of Bolivia. From the collection of the Museum of Modern Art of Latin America, Washington, D.C. *Photograph by Angel Hurtado.*

Printed in the U.S.A.

ISBN: 0-395-34447-6

Library of Congress Catalog Card Number: 83- 81799

J-D-998765

Índice

Nota: I = Intermedio; A = Avanzado

I. Sociedad fragmentada

1. **La muerte de Artemio Cruz (I)**   5
   Carlos Fuentes (México)
2. **Los perros no ladraron (I)**   16
   Carmen Naranjo (Costa Rica)
3. **Nos han dado la tierra (A)**   25
   Juan Rulfo (México)

II. Voces de mujeres

4. **'Si me permiten hablar...' (I)**   37
   Domitila Barrios de Chungara/Moema Viezzer (Bolivia)
5. **Valium 10 (I)**   47
   Rosario Castellanos (México)
6. **Cine Prado (A)**   52
   Elena Poniatowska (México)

III. Diversidad cultural

7. **Santa Clo va a La Cuchilla (I)**   66
   Abelardo Díaz Alfaro (Puerto Rico)
8. **El apellido (A)**   75
   Nicolás Guillén (Cuba)
9. **Economía de Tahuantinsuyu (A)**   82
   Ernesto Cardenal (Nicaragua)

IV. Derechos humanos

10. **Identidad (I)** *96*
     Ariel Dorfman (Chile)

11. **Preso sin nombre, celda sin número (I)** *100*
     Jacobo Timerman (Argentina)

12. **Los astros y vos (A)** *109*
     Mario Benedetti (Uruguay)

V. Testimonios literarios

13. **Flores del Volcán (I)** *122*
     Claribel Alegría (El Salvador)

14. **El hombre que se convirtió en perro (I)** *129*
     Osvaldo Dragún (Argentina)

15. **Redoble por Rancas (A)** *140*
     Manuel Scorza (Perú)

VI. Mundos inventados

16. **De noche soy tu caballo (I)** *152*
     Luisa Valenzuela (Argentina)

17. **La isla a mediodía (A)** *160*
     Julio Cortázar (Argentina)

18. **El ahogado más hermoso del mundo (A)** *172*
     Gabriel García Márquez (Colombia)

Vocabulario *183*

Introduction

Campo abierto: lecturas sociopolíticas de Hispanoamérica contains selections of Spanish American fiction, autobiography, poetry and a one-act play. The anthology's primary purpose is to present an overview of Spanish American social and political issues as reflected in contemporary literature from the region. The book emphasizes information about Spanish American societies, literary analysis, and class discussion.

Levels and choice of readings

The general level of difficulty of each reading is designated in the Table of Contents by the letters **I** and **A**. **I** indicates *Intermediate*, and **A** is for *Advanced.* Each chapter contains readings of different levels, so that the instructor may choose to use the book sequentially or to teach all the intermediate selections before moving on to the more challenging pieces. The levels were determined by the length of the selection, the complexity of the literary style, and the number of regionalisms, unusual words and expressions per paragraph.

The selection of the readings was based on the following criteria:

1. *Content.* The book is divided thematically into six chapters of three readings each. *Sociedad fragmentada* presents pieces which reflect the attitudes and interests of three distinct social groups: the upper class, the middle class, and the peasantry. In *Voces de mujeres* several writers explore cultural myths about women. *Diversidad cultural* concerns the search for cultural identity in three countries of the hemisphere. *Derechos humanos* confronts recent violations of human rights, particularly in the nations of the Southern Cone. *Testimonios literarios* shows the writer in the role of witness to recurring social problems, especially those grounded in economic reality; and *Mundos inventados* celebrates the power of human imagination and its role in helping individuals and societies surpass the limitations under which they normally operate.

2. *Variety*. Particular care was taken to include works by men and women writers from every region of Spanish America, works which address a wide range of social and political issues. In addition, *Campo abierto* features a variety of genres, literary styles and tones, including irony, humor, and fantasy.
3. *Accessibility*. Selections range from short to moderate in length. While many contain a significant amount of dialogue, all are characterized by common or practical vocabulary and easily recognizable syntax. As a result, the book is linguistically accessible to intermediate students.

Organization

Campo abierto is divided into six chapters, each consisting of three readings of varying length and complexity. Every chapter is introduced by a paragraph that presents the theme and unifies the readings. An introduction precedes each of the eighteen selections, and provides a biographical note on the author, historical or cultural background of the issue, and general remarks about the reading itself. Also placed before the piece is a vocabulary list and a series of useful pre-reading exercises. Post-reading activities, located immediately after the selection, are divided into four categories: a) *comprensión;* b) *análisis del texto;* c) *conversación;* and d) *temas de composición e investigación.* A short bibliography of major books and essays on the issues raised by the readings and activities is also supplied. All of these materials are explained in more detail below.

Vocabulario

A list of key words and expressions which appear in the reading is provided along with their English translation or equivalent. The words will probably be new to students at the intermediate level, and are divided into nouns, verbs, adjectives, adverbs, and expressions.

Actividades de prelectura

There are two types of pre-reading activities. The first, based on the vocabulary list, asks the students to use the new words in sentences, short dialogues, fill-in the blank and multiple choice exercises. The second type of pre-reading activity focuses on a literary technique employed by the author of the selection, and often features an exercise designed to help students recognize and appreciate the importance of the technique. When necessary, an additional pre-reading activity calls attention to complex grammatical structures or presents unfamiliar material, such as the *voseo*. All or part of the pre-reading activities can be completed as homework and reviewed rapidly in class before the reading itself is assigned.

Lecturas

For easy reference to specific words, expressions, or ideas, line numbers are supplied on the left-hand margin. Idioms, false cognates, difficult words, and cultural references are glossed in the right-hand margin. Brief footnotes are occasionally used to explain further cultural references or to shed light on customs or institutions not familiar to the intermediate student.

Actividades de postlectura

Comprensión consists of a variety of exercises such as multiple choice, fill-in, and true-false questions designed to review the essential content of the readings. These exercises can be used by students in preparation for class as a guide to the salient points covered by the selection. In class, the instructor may wish to go over the exercise quickly to insure basic comprehension before proceeding to an in-depth analysis of what has been read.

Análisis del texto has two basic goals: a) to direct students toward an accurate interpretation of the ideas expressed by the author; and b) to analyze some of the basic literary techniques used by the author to express his or her ideas. When doing these activities, students should make full use of the cultural, historical and background information provided by the introduction to the piece.

Conversación is directed at the students' personal experiences within the context of the themes or issues raised by the reading. These questions may be used with the class as a whole for informal, relaxed conversation, or preferably with smaller groups of three to five students each. In most cases, students are asked to formulate and discuss their own opinions and to compare their societies with those portrayed in the reading.

Temas de composición e investigación includes three types of options for composition assignments designed to strengthen the students' writing, analytic, and research skills. The first topic requires a textual analysis of the reading, and is appropriate for classes in which literary analysis is stressed. The second suggested topic is general in nature, and calls for an essay based on personal observations and opinions. Finally, we include a research topic which requires use of reference material and additional reading. A short bibliography is supplied to aid students with this option.

The bibliography, which is neither exhaustive nor exclusive, may also serve as a point of departure for those instructors and students who would like more information about the issues raised by the readings and activities.

Una literatura nace siempre frente a una realidad histórica y, a menudo, contra esa realidad.

Octavio Paz

Puertas al campo

Los nuevos ricos, *1941, por Antonio Ruiz (1897-),
México. Collection, The Museum of Modern Art,
New York. Inter-American Fund.*

La familia, *1936, por Rufino Tamayo (1899-), México. Collection, The Minneapolis Institute of Arts.*

Familia andina, *1943, por Héctor Poleo (1918–), Venezuela. Museum of Modern Art of Latin America,
Washington, D.C. Photo by Angel Hurtado.*

Capítulo I

Sociedad fragmentada

Hispanoamérica es el nombre con el que se conoce a los veintiún países de habla hispana, localizados en Norte, Centro y Sud América. A pesar de las muchas e importantes diferencias que existen entre estos países, se pueden trazar ciertos paralelismos y establecer un perfil global en cuanto a la organización socioeconómica de todos ellos. Históricamente, la sociedad hispanoamericana ha tenido una estratificación piramidal. En la parte superior figura una minoría que posee y controla todos los recursos económicos de cada país y que constituye la oligarquía terrateniente tradicional y los directores de las grandes empresas e industrias. En el centro de la estructura piramidal aparece la clase media, compuesta por profesionales, comerciantes, empleados y cierto tipo de obreros especializados. En la parte inferior se encuentra la clase baja, la más numerosa, en la que encontramos a los obreros no especializados, campesinos y mano de obra en general. Esta clase social sin recursos económicos y de escasa educación, ha emigrado a las ciudades en las últimas décadas, en busca de algún tipo de trabajo que raras veces encuentra. El cuento y los fragmentos que se presentan en este capítulo ilustran un momento en la vida de dos familias y un grupo de campesinos, representantes cada uno de una clase social.

1. La muerte de Artemio Cruz
Carlos Fuentes

Vocabulario

Estudie las siguientes palabras que son necesarias para la comprensión del texto.

Verbos

acariciar to caress,
  stroke

acostumbrar to be
  accustomed

apenarse to feel sad or
  sorrowful

asustar to frighten

conducir to drive, con-
  vey, or lead from one
  place to another

escoger to choose

esquivar to avoid

estirar to stretch

fingir to feign, pretend

guiñar to wink; to
  squint

regañar to scold

Expresiones

en seguida right away

estar listo / a to be
  ready

Ejercicios de prelectura

Para la realización de los ejercicios siguientes, es necesario conocer el vocabulario y las expresiones presentadas en la sección anterior.

A. Complete las frases siguientes con el verbo que corresponda a los sustantivos en cursiva.

1. Al niño le encantan *las caricias* de su madre, así que ella lo . . .
2. Ana escuchó *el regaño* sin ponerle mucha atención, porque todos los días alguien la . . .
3. *El susto* que vimos en la cara de Juan era terrible, pero él no nos pudo decir qué le . . .
4. *La costumbre* en casa de mi abuela era cenar a las diez. Mientras vivía con ella tuve que . . .

B. Escoja la palabra apropiada de la lista a la derecha de la página para completar cada frase. Use la forma correcta de la palabra.

1. Lo que más la . . . era no poder asistir a la fiesta del sábado.
2. Mario se dio cuenta que hacía días que su mujer . . . su mirada.
3. Aunque Marta y yo entramos ese día por la misma puerta, ella . . . no verme.
4. Cuando cumplí dieciséis años mi hermano me enseñó a . . . ; usamos el viejo Pontiac de mi tío.
5. De tanto usarlo, mi suéter favorito se me . . . , y ahora me queda muy grande.
6. La clienta tenía tantos trajes de los cuales . . . que tardó una hora en decidirse.
7. Jaime . . . por teléfono que no podría asistir a la reunión.
8. Luisa . . . los ojos para ver mejor las palabras escritas al margen del libro.

esquivar
fingir
estirar(se)
apenar(se)
conducir
escoger
guiñar
avisar

C. Complete con una frase el diálogo siguiente.

Fotógrafo   ¿Está usted lista?
Vicenta   ¡Estaré lista en seguida!
Fotógrafo   Bien, cuando quiera puede tomar asiento y decirme para qué, o para quién serán las fotos.
            . . .

D. **Punto de vista narrativo.**   Una de las decisiones más importantes con las que se enfrenta un autor/a es la elección de un punto de vista desde el cual contar. El narrador/a puede estar dentro o fuera de la obra. Si el autor/a prefiere presentar la obra desde fuera y narrar en tercera persona (por ejemplo: él vio, ella dijo, etc.), se le presentan dos opciones: a) *el narrador/a-omnisciente,* un pequeño dios que todo lo sabe y que puede analizar las acciones y los pensamientos de cualquier personaje; b) *el narrador/a-observador/a,* un ser ordinario que describe la acción tal cual la observa, sin saber de los personajes más que el lector/a mismo/a.

Lea los dos párrafos siguientes y decida si el punto de vista es el de un *narrador/a-omnisciente* o un *narrador/a-observador/a.* Justifique su respuesta.

a) Manuel estaba locamente enamorado de Susana pero nunca se lo había confesado a nadie, ni siquiera a su mejor amigo. ¡Qué felices hubieran sido aquellos meses para él si hubiera sabido que sólo un año más tarde, Susana sería su esposa!

b) Manuel vio desde la ventanilla del autobús a Susana y se bajó en seguida para ir a encontrarse con ella. Cuando iba a saludarla un chico apareció junto a ella y la cogió de la mano. Manuel se quedó parado y en silencio viéndolos desaparecer calle abajo.

La muerte de Artemio Cruz
(fragmento)
Carlos Fuentes

Carlos Fuentes, nacido en México en 1929, forma parte del grupo de intelectuales-políticos hispanoamericanos. Ha sido embajador de México en Francia y profesor de literatura en varias universidades.

Entre sus novelas más importantes figuran La región más transparente *(1958),* La muerte de Artemio Cruz *(1962), y* Terra Nostra *(1975).*

Uno de los primeros desafíos a la estratificación piramidal de la sociedad hispanoamericana se inició en México en 1910. La Revolución Mexicana duró unos diez años, y tuvo entre sus varias metas el derrocamiento del dictador Porfirio Díaz, el establecimiento de elecciones presidenciales sin posibilidad de reelección, y la justicia social. A partir de la Revolución ha dominado en México un solo partido político fuerte y centralizado: el Partido Revolucionario Institucional (PRI). Simbólica y retóricamente el PRI respalda programas de reforma agraria, igualdad social, mejoramiento de la norma de vida y derechos humanos. Sin embargo, algunos intelectuales han expresado sus dudas acerca de la habilidad del PRI para poder cumplir con todas aquellas promesas de la Revolución. Según estos críticos, los que han llegado al poder a partir de la Revolución tienen los mismos valores y actitudes que la oligarquía terrateniente contra la cual se luchó. Un personaje representativo de los vencedores e imitadores del pasado es Artemio Cruz, casado con una mujer de la vieja oligarquía y cuyo comportamiento revela su conciencia de pertenecer a la minoría rica y privilegiada. El fragmento de la novela que aquí se presenta abre con una descripción breve del magnate Artemio Cruz, pasando luego a enfocarse en su mujer e hija.

(1941: JULIO 6)

Él pasó en el automóvil rumbo a° la oficina. *on the way to*
Lo conducía el chofer y él iba leyendo el
periódico, pero en ese momento, casualmente,
5 levantó los ojos y entonces el auto arrancó° y *moved on*
él continuó leyendo las noticias que llegaban
de Sidi Barrani y el Alamein, mirando las

fotografías de Rommel y Montgomery: el
chofer sudaba bajo la resolana° y no podía   *warm sun*
10 prender la radio para distraerse y él pensó
que no había hecho mal en asociarse con los
cafetaleros colombianos cuando empezó la
guerra en África y ellas entraron a la tienda y
la empleada les pidió que por favor tomaran
15 asiento mientras le avisaba° a la patrona   *informed*
(porque sabía quiénes eran las dos mujeres, la
madre y la hija, y la patrona había ordenado
que siempre le avisaran si ellas entraban): la
empleada caminó en silencio sobre las alfom-
20 bras hasta el cuarto de fondo° donde la   *back room*
patrona rotulaba° invitaciones apoyada   *labeled*
sobre la mesa de cuero° verde; dejó caer los   *leather*
anteojos° que colgaban de una cadena de   *she dropped her*
plata cuando la empleada entró y le dijo que   *eyeglasses*
25 allí estaban la señora y su hija y la patrona
suspiró y dijo: "—Ah sí, ah sí, ah sí, ya se
acerca la fecha" y le agradeció° que le avisara   *thanked*
y se arregló el pelo violáceo y frunció° los   *puckered*
labios y apagó el cigarrillo mentolado y en la
30 sala de la tienda las dos mujeres habían
tomado asiento y no decían nada nada hasta
que vieron aparecer a la patrona y entonces la
madre, que tenía esta idea de las convenien-
cias, fingió que continuaba una conversación
35 que nunca se había iniciado y dijo en voz
alta:° "— ... pero ese modelo° que parece   *aloud / dress style*
mucho más lindo. No sé que pienses tú, pero
yo escogería ese modelo; de veras° que está   *really*
muy bonito, muy, muy lindo." La muchacha
40 asintió, porque estaba acostumbrada a esas
conversaciones que la madre no dirigía a ella
sino a la persona que ahora entraba y le
tendía° la mano a la hija pero no a la madre, a   *extended*
quien saludaba con una sonrisa enorme y la
45 cabeza violeta bien ladeada.° La hija empezó   *quite tilted*
a correrse° hacia la derecha del sofá, para que *to move over*
la patrona cupiera,° pero la madre la detuvo   *fit*
con la mirada y un dedo agitado cerca del
pecho; la hija ya no se movió y miró con sim-
50 patía a la mujer del pelo teñido° que per-   *dyed*
manecía de pie° y les preguntaba si ya habían *remained standing*
decidido cuál modelo escogerían. La madre
dijo que no, no, aún no estaban decididas y
por eso querían ver todos los modelos otra

55 vez, porque también de eso dependía todo lo
demás,° quería decir, detalles como el color de   *all the rest*
las flores, los vestidos de las damas,° todo   *bridesmaids*
eso.
        —Me apena mucho darle tanto trabajo;
60 yo quisiera . . .
        —Por favor, señora. Nos alegra compla-
cerla.
        —Sí. Queremos estar seguras.
        —Naturalmente.
65   —No quisiéramos equivocarnos y después, a última hora . . .
        —Tiene razón. Más vale° escoger con   *it's better*
calma y no, después . . .
        —Sí. Queremos estar seguras.
70   —Voy a decirles a las muchachas que se
preparen.
        Quedaron solas y la hija estiró las
piernas; la madre la miró alarmada y movió
todos los dedos al mismo tiempo, porque
75 podía ver las ligas° de la muchacha y también *garters*
le indicó que le pusiera un poco de saliva a la
media° de la pierna izquierda; la hija buscó y   *stocking*
encontró el lugar donde la seda° se había roto   *silk*
y se mojó el dedo índice en saliva y la untó°   *rubbed*
80 sobre el lugar. "—Es que tengo un poco de
sueño", le explicó en seguida a la madre. La
señora sonrió y le acarició la mano y las dos
siguieron sentadas sobre los sillones de bro-
cado rosa, sin hablar, hasta que la hija dijo
85 que tenía hambre y la madre contestó que
después irían a desayunar algo a Sanborn's
aunque ella sólo la acompañaría porque había
engordado demasiado recientemente.
        —Tú no tienes que preocuparte.
90   —¿No?
        —Tienes tu figura muy juvenil. Pero des-
pués, cuídate. En mi familia todas hemos
tenido buena figura de jóvenes y después de
los cuarenta perdemos la línea.
95   —Tú estás muy bien.
        —Ya no te acuerdas, eso es lo que pasa, tú
ya no te acuerdas. Y además . . .
        —Hoy amanecí° con hambre. Desayuné   *I woke up*
muy bien.
100   —Ahora no te preocupes. Después sí,
cuídate.

—¿La maternidad engorda mucho?

—No, no es ése el problema; ése no es realmente el problema. Diez días de dieta y
105 quedas igual que antes. El problema es después de los cuarenta.

Adentro, mientras preparaba a las dos modelos,° la patrona hincada,° con los alfileres° en la boca, movía las manos nerviosa-
110 mente y regañaba a las muchachas por tener las piernas tan cortas; ¿cómo iban a lucir bien° mujeres de piernas tan cortas? Les hacía falta hacer ejercicio, les dijo, tenis, equitación, todo eso que sirve para mejorar la
115 raza¹ y ellas le dijeron que la notaban muy irritada y la patrona contestó que sí, que esas dos mujeres la irritaban mucho. Dijo que la señora no acostumbraba dar la mano nunca; la chica era más amable, pero un poco dis-
120 traída,° como si nada más estuviera allí; pero en fin, no las conocía bien y no podía hablar y como decían los americanos *the customer is always right* y hay que salir al salón sonriendo, diciendo cheese, che-eeeese y
125 cheee-eeese. Estaba obligada a trabajar, aun cuando no hubiera nacido para trabajar, y estaba acostumbrada a estas señoras ricas de ahora.² Por fortuna, los domingos podía reunirse con las amistades de antes, con las
130 que creció, y sentirse un ser humano por lo menos una vez a la semana. Jugaban bridge, les dijo a las muchachas y aplaudió al ver que ya estaban listas. Lástima de° piernas cortas. Ensartó° con cuidado los alfileres que le
135 quedaban en la boca en el cojincillo de terciopelo.°

—¿Vendrá al shower?

—¿Quién? ¿Tu novio o tu padre?

—Él, papá.
140 —¡Cómo quieres que yo sepa!

* * *

the women who model / kneeling
straight pins

to look good

inattentive

what a shame (about)
She stuck

velvet pin cushion

---

1. The owner here reveals her disdain for the supposedly inferior body proportions of the majority of Mexicans who are of Indian descent.
2. The owner, apparently from a once wealthy family, resents having to now work for a living.

... apretó el brazo de su hija para introducirla de prisa° en ese calor irreal, de invernadero,° en ese olor de jabones y lavanda y papel couché° recién impreso.[3] Se
145 detuvo un instante a mirar los artículos de belleza ordenados detrás del vidrio y se miró a sí misma, guiñando los ojos para ver bien los cosméticos dispuestos sobre una tira de tafeta roja.

150 Pidió un bote° de cold-cream *Theatrical* y dos tubos de labios° de ese mismo color, el color de esa tafeta y buscó los billetes en la bolsa de cuero de cocodrilo sin éxito: "—Ten, búscame un billete de veinte pesos." Recibió
155 el paquete y el cambio y entraron al restaurant y encontraron una mesa para dos. La muchacha ordenó jugo de naranja y waffles con nuez a la mesera vestida de tehuana° y la madre no pudo resistir y pidió un pan de
160 pasas con mantequilla derretida° y las dos miraron alrededor, tratando de distinguir caras conocidas hasta que la muchacha pidió permiso para quitarse el saco del traje sastre° amarillo porque la resolana que se co-
165 laba° al través del tragaluz° era demasiado intensa.

—Joan Crawford— dijo la hija.— Joan Crawford.

—No, no. No se pronuncia así. Así no se
170 pronuncia. Cro-for, Cro-for; ellos lo pronuncian así.

—Crau-for.

—No, no. Cro, cro, cro. La "a" y la "u" juntas se pronuncian como "o". Creo que así
175 lo pronuncian.

—No me gustó tanto la película.

—No, no es muy bonita. Pero ella sale muy chula.°

—Yo me aburrí mucho.
180 —Pero insististe tanto en ir . . .

—Me habían dicho que era muy bonita, pero no.

Glosses:
quickly
greenhouse
lavender water and glossy print paper
jar
lipsticks
dressed in a folkloric costume
melted
tailored suit
filtered / skylight
looked cute

---

3. Mother and daughter enter the front room of Sanborn's, a combination restaurant and shop in which gifts, magazines and cosmetics are sold.

—Se pasa el rato.°   *it helps pass the*
—Cro-for.   *time*

185   —Sí, creo que así lo pronuncian ellos, Cro-
for. Creo que la "d" no la pronuncian.
—Cro-for.
—Creo que sí. A menos que me equivo-
que.°   *unless I'm mistaken*

190   La muchacha derramó la miel° sobre los   *poured the honey*
waffles y los rebanó en trocitos° cuando   *cut them in small*
estuvo segura de que cada hendidura° tenía   *pieces / crevice*
miel. Sonreía a su madre cada vez que se
llenaba la boca de esa harina tostada y

195 melosa. La madre no la miraba a ella. Una
mano jugaba con otra, le acariciaba con el
pulgar° las yemas° y parecía querer levantar-   *thumb / fingertips*
le las uñas: miraba las dos manos cerca de
ella, sin querer mirar los rostros: cómo volvía

200 una mano a tomar la otra y cómo la iba des-
cubriendo, lentamente, sin saltarse° un solo   *skipping*
poro de la otra piel. No, no tenían anillos en
los dedos; debían ser novios o algo. Trató de
esquivar la mirada y fijarse en ese charco° de   *puddle*

205 miel que inundaba el plato de su hija, pero sin
querer regresaba a las manos de la pareja en
la mesa contigua° y lograba evitar sus ros-   *next*
tros, pero no las manos acariciadas. La hija
jugueteaba con la lengua entre las encías,°   *gums*

210 retirando los pedazos de harina y nuez
sueltos y después se limpió los labios y man-
chó la servilleta de rojo, pero antes de volver
a pintarse° otra vez buscó con la lengua las   *putting on more*
sobras° del waffle y le pidió a su madre un   *lipstick / remains*

215 trozo de pan con pasas. Dijo que no quería
café porque la ponía muy nerviosa, aunque le
encantaba el café, pero ahora no, porque ya
estaba bastante nerviosa. La señora le
acarició la mano y le dijo que debían mar-

220 charse porque les faltaba hacer muchas
cosas. Pagó la cuenta y dejó la propina° y las   *tip*
dos se levantaron.

* * *

    Se repartieron° los paquetes y caminaron   *divided up*
hacia Bellas Artes,° donde el chofer había   *Palace of Fine Arts*

225 quedado en° esperarlas: seguían caminando   *had agreed*
con las cabezas bajas, dirigidas hacia los
aparadores° como antenas y súbitamente la   *shop windows*

madre tomó temblando el brazo de la hija y
dejó caer un paquete, porque enfrente de
230 ellas, junto a ellas, dos perros gruñían° con   *growled*
una cólera helada,° se separaban, gruñían, se   *cold fury*
mordían los cuellos hasta hacerlos sangrar,
corrían al asfalto, volvían a trenzarse° con   *again became entwined*
mordiscos afilados° y gruñidos: dos perros   *sharp bites*
235 callejeros,° tiñosos,° babeantes,° un macho°   *stray / scabby / slavering*
y una hembra.° La muchacha recogió el   *male / female*
paquete y condujo a su madre al estacionamiento. Tomaron sus lugares en el automóvil
y el chofer preguntó si regresaban a las
240 Lomas° y la hija dijo que sí, que unos perros   *(elegant residential*
habían asustado a su mamá. La señora dijo   *neighborhood of*
que no era nada, que ya había pasado: fue tan   *Mexico City)*
inesperado y tan cerca de ella, pero podían
regresar al centro esa tarde, porque aún les
245 quedaban muchas compras, muchas tiendas.
La muchacha dijo que había tiempo; faltaba
más de un mes todavía. Sí, pero el tiempo
vuela, dijo la madre, y tu padre no se preocupa por la boda, nos deja todo el trabajo a
250 nosotras. Además debes aprender a darte tu   *to behave according*
lugar;° no debes saludar de mano a todo el   *to your social*
mundo. Además, ya quiero que pase esto de   *position*
la boda, porque creo que va a servir para que
tu padre se dé cuenta de° que ya es un hom-   *realizes*
255 bre maduro. Ojalá sirva para eso. No se da
cuenta de que ya cumplió cincuenta y dos
años. Ojalá tengas hijos muy pronto. De
todos modos, le va a servir a tu padre tener
que estar a mi lado en el matrimonio civil y en
260 el religioso,[4] recibir las felicitaciones y ver que
todos lo tratan como un hombre respetable y
maduro. Quizás todo eso lo impresione,
quizás.

A. Comprensión

Escoja la respuesta o las respuestas correctas.

1. La madre y la hija van a la tienda para
   a. reunirse con una amiga
   b. escoger el vestido de la hija
   c. regañar a las modelos

---

4. In Mexico a civil ceremony must precede a religious
   wedding ceremony.

2. La madre trata a la patrona como si fuera
   a. una sirvienta
   b. una amiga
   c. una profesional respetable
3. Se disgusta la madre cuando la hija
   a. dice que tiene hambre
   b. trata bien a la patrona
   c. no tiene una apariencia formal
4. La patrona está irritada porque
   a. tiene que complacer a la madre
   b. las modelos tienen las piernas cortas
   c. tiene que resignarse a la humillación social
5. Cuando la madre y la hija están en Sanborn's, la madre
   a. habla de sus sentimientos íntimos
   b. decide no comer
   c. expresa gran admiración por Joan Crawford
6. Sin querer, la madre se fija en
   a. su hija comiendo waffles
   b. unos novios que se acarician las manos
   c. las camareras vestidas de tehuanas
7. Vuelven a su casa temprano porque
   a. han comprado todo lo necesario
   b. unos perros asustan a la madre
   c. el padre las está esperando
8. La madre opina que el padre
   a. no debe participar en la ceremonia civil ni en la religiosa
   b. ayuda mucho en los preparativos de la boda
   c. no se porta como un hombre de edad madura

B. Análisis del texto

1. ¿Qué tipo de narrador/a, omnisciente u observador/a, presenta los episodios de la madre y la hija? ¿Cómo imparte este narrador/a su opinion de las protagonistas en el episodio de la tienda?
2. Describa el tipo de tienda en el que la hija va a comprar su vestido de novia.
3. La patrona pertenecía a la vieja oligarquía que se arruinó en la Revolución Mexicana. ¿Qué actitud tiene hacia el valor del trabajo? ¿Y hacia la madre que ahora pertenece a la nueva oligarquía?
4. ¿Qué opina la madre de su propia posición social? ¿Cómo mantiene esta posición frente a la patrona? Dé ejemplos específicos del texto.
5. ¿Qué diferencias de ambiente hay entre la tienda exclusiva y el restaurant? ¿Y entre el restaurant y la calle? ¿Dónde se siente incómoda la madre? ¿Por qué?

6. ¿Qué actitud tiene la madre hacia la cultura y las costumbres de su propio país y del extranjero?
7. La madre indica indirectamente que su matrimonio no es feliz. ¿Qué se puede deducir de sus problemas matrimoniales?

C. Debate

1. La clase social de una persona o de un personaje se debe en gran parte a su acceso a la riqueza material. ¿Qué detalles en el texto reflejan la posición privilegiada de la madre?
2. ¿Pertenecen la patrona, las modelos, la mesera y el chofer a la misma clase social? Analice cada personaje según su acceso al dinero, su trabajo, su educación y otros factores que pueden determinar la clase social.
3. ¿Qué situaciones permiten ver la tensión que existe entre personajes de diferentes clases sociales? ¿Cómo se explica esta tensión?
4. Compare a la madre y la hija con lo que Ud. sabe de la clase alta de su país. ¿Tienen la misma cantidad de poder? ¿Los mismos valores? ¿Los mismos intereses? Explique sus respuestas con ejemplos.

D. Temas de conversación y composición

1. El significado del orden de los episodios—la tienda, el restaurant y la calle—en relación a la madre y sus inquietudes.
2. La perpetuación de los valores de clase a través de la relación entre madre e hija.
3. El desarrollo y el dominio de la oligarquía en un país de Hispanoamérica.

Bibliografía breve

Frank, André Gunder. *Latin America: Underdevelopment or Revolution.* New York: Monthly Review Press, 1969.
Keith, Robert G. *Haciendas and Plantations in Latin American History.* New York: Holmes and Meier, 1977.
Lomnitz, Larissa and Marisol Perez-Lizaur. "Kinship Structure and the Role of Women in the Urban Upper Class of Mexico." Trans. Anna Lomnitz. *Signs: Journal of Women in Culture and Society,* 5 (1979), 164–168.
Stein, Stanley J. and Barbara H. Stein. *The Colonial Heritage of Latin America: Essays on Economic Dependence in Perspective.* New York: Oxford Univ. Press, 1970.
Veliz, Claudio, ed. *Obstacles to Change in Latin America.* New York: Oxford Univ. Press, 1969.

2. Los perros no ladraron
Carmen Naranjo

Vocabulario

Estudie las siguientes palabras que son necesarias para la comprensión del texto.

Sustantivos

el caldo broth
la malacrianza bad manners
la sucursal branch office
el vago loafer, bum

Verbos

despabilarse to wake up; to get going
procurar to try
regañar to scold

Adjetivos

gruñón / a grouch
majadero / a foolish, troublesome
necio / a ignorant, foolish

Expresiones

estar bien loco / a to be really crazy
estar más loco / a que una cabra to be out of one's mind (lit., crazier than a goat)
me da lástima I feel sorry about . . .
ponerse a gritar to begin to shout

Ejercicios de prelectura

Para la realización de los ejercicios siguientes, es necesario conocer el vocabulario y las expresiones presentadas en la sección anterior.

A. Indique si las palabras de la lista siguiente tienen sentidos similares u opuestos. Si son diferentes, explique el significado de cada uno.

1. dormirse - despabilarse
2. procurar - tratar
3. majadero / a - necio / a
4. el vago - el ambicioso
5. caldo - sopa
6. regañar - alabar
7. amable - gruñón / a
8. malacrianza - falta de educación
9. sucursal - oficina central

B. Complete con una frase el diálogo siguiente.

Niño   ¡La maestra está loca! ¡Más loca que una cabra!

Mamá   No digas eso, hijo. Me da lástima que no respetes a tus mayores.

Niño   Pero mamá, es verdad. Apenas entramos en la clase, ella se pone a gritar.

     . . .

C. En muchos países de Hispanoamérica se usa popularmente el pronombre *vos* en sustitución del pronombre *tú*. También se da en algunos casos el uso de ambas formas en un mismo país. El uso del *vos* cambia la forma de conjugar los verbos. Al usar el pronombre *vos* los tres cambios más notables son: a) el verbo se acentúa en la última sílaba (vos *trabajás* en vez de tú *trabajas*); b) los verbos no sufren cambios de raíz (vos *tenés* en vez de tú *tienes*); c) los verbos de la tercera conjugación (-ir) cambian la última vocal en *i* (vos *escribís* en vez de tú *escribes*).

Transforme las frases siguientes de la forma pronominal *vos* a la forma con *tú* modificando los verbos según convenga.

1. Vos sabés la verdad.
2. Procurá ser bueno.
3. Es necesario que volvás.
4. ¿Vivís cerca de aquí?
5. Despabilate, que ya es tarde.

D. **La identidad de los interlocutores.** A la persona o personaje que toma parte en un diálogo se le conoce como *"interlocutor / a"*. En el segundo capítulo de *Los perros no ladraron* figuran cinco interlocutores, pero a ninguno de ellos se le identifica directamente. La identidad de los cinco se revela implícitamente, es decir, por medio del contenido del diálogo. Detalles como el género y número de los sustantivos y adjetivos empleados, la descripción de los comportamientos, la expresión de las actitudes y el tono de la conversación permiten al lector/a precisar por sí mismo/a la identidad de cada interlocutor/a.

Lea el siguiente diálogo e identifique a tres interlocutores. Justifique su respuesta a base de detalles específicos de la conversación.

—¿Tienes que tener la televisión tan alta? Bájala un poco, que estoy tratando de estudiar.

—¡Vaya, ahora te molesta mi televisión y hace un minuto estabas encantada con la radio bien alta!

—Eres un imbécil.

—Por Dios, dejen de pelearse. Y apaga eso ya. Hace horas que la miras.

—Pero si todavía no he visto mi programa favorito.

—¿Y la tarea? Me imagino que ni has empezado, y estoy harta de las notas muy bajas que recibes en todo. A tu edad tu papá . . .

—Sí, sí, sí, ya lo sé. Era siempre el primero de la clase. Pues yo no soy como él. Mis talentos son otros.

—¿Ah, sí? Pues los tienes muy bien escondidos.

—¡Dile que se calle!

Los perros no ladraron
(fragmento)
Carmen Naranjo

*Cuentista, novelista y poeta, Carmen Naranjo nació en Costa Rica en
1930. Ha desempeñado cargos políticos, siendo embajadora en Israel y
miembro de UNICEF en Guatemala. En la actualidad es directora del
Museo de Arte Costarricense en San José. Sus obras más conocidas
incluyen* Los perros no ladraron *(1966),* Diario de una multitud *(1974)
y* Mi guerrilla *(1977).*

*A Costa Rica se le conoce como el país con el gobierno más es-
table de Centroamérica. En 1948 el dirigente José Figueras triunfó en
una guerra civil cuyos objetivos eran la democracia, la oposición al
comunismo y la lucha contra la corrupción administrativa. A partir
del 48 el gobierno costarricense ha dado al país asistencia y seguridad
social, y trata de mantener una igualdad económica entre sus ciudadanos.*

En su novela Los perros no ladraron *Carmen Naranjo habla de la
realidad de la clase media de Costa Rica. Para ello hace girar la historia alrededor de un burócrata que ha perdido la fe en los valores y
mitos que antes compartía con su familia y amigos. En el capítulo que
se presenta aquí, titulado "Todos los días empiezan igual", el burócrata y su familia se preparan para la rutina de un día común y corriente.*

—Apúrate que vas a llegar tarde al tra-
bajo. ¡Cómo cuesta levantarte!° Claro, si te   *it's so hard for me to*
acostaras normalmente, a la hora en que todo   *get you up*
el mundo lo hace. Si no te gustara coma-
5   drear° por las calles y sabe Dios qué cosas   *gossip*
más.
—¿El baño está libre?
—Ahorita sale Quincho. Es tan lento
como vos. Parece que quisieran eternizarse
10 en° las cosas. Prendé el radio para que te des-   *spend an eternity on*
pabilés de una vez.°   *once and for all*
New York 15. El Alcalde de New York
ha patrocinado una serie de planes para
mejorar la vivienda de los trabajadores de
15 esa gran urbe. Planes que representan millones de dólares, que vendrán a ser muy
positivos para resolver esos problemas
sociales.
Madrid 15. El Gobierno Español sigue
20 en su interés constante de promover el
turismo en España, ofreciendo mayores
facilidades a los visitantes, para lo que

está fortaleciendo los organismos encarga-
dos de estos asuntos, considerando siem-
25 *pre que hoy día el turismo representa la*
mejor industria.

—Bajá el radio. Lo ponés demasiado duro
y atarantan° esas voces atropellando noti- *stun*
cias,° sin dejar nada más que° un montón de *rushing through the*
30 ruidos. *news / leaving only*

—Hoy todo te molesta. Hasta la voz de
los locutores.° Pero tenés razón, vivimos acu- *announcers*
mulando noticias y noticias, sin poder saber
nada. De tanto oír lo que pasó en otros países,
35 lo que está pasando y va a pasar, resultamos
un raro insecto que vive al azar de° miles de *at the mercy of*
acontecimientos que nos mueven y a los que
seguimos siendo extraños.

—Me cansan tus especulaciones. Hay
40 días que te da por hablar° como un loco espe- *you persist in*
culador de todo lo que es sencillo y natural en *talking*
la vida, como si fueras el visitante de un
extraño planeta. Después . . . te molestás porque yo amanezca gruñona. Como si ignoraras
45 que soy la que tengo que luchar todo el día
porque° la casa esté limpia, porque el *para que*
almuerzo esté a tiempo, porque el dinero
alcance, porque la cocinera no haga desastres,
porque el mundo sea todo lo normal que
50 quisiéramos, porque . . .

—Mamá, ¿me das la plata° para el *money*
camión?° Y quince más para comprar algo. A *bus*
veces me da mucha hambre.

—¿Pero creés que somos millonarios? Y
55 después llegás a la casa y no comés, lleno de
quién sabe qué cochinadas° en la calle. Tomá *filth (junk food)*
cincuenta y ni un cinco° más. A ver si *not a bit*
aprendés a ahorrar.

—¿Y me firmaste el recado° de la maes- *message (note)*
60 tra?

—¡Bonitas cosas a firmar me traés! Recados sobre tu malacrianza. Todavía no he
dicho nada a tu papá para que no te apalee.° *beat you (with a*
Ya sabés cómo reacciona cuando está de mal *stick)*
65 genio.° Y hoy las pulgas no andan bien.° Pro- *in a bad mood / he's*
curá, muchacho, cambiar, portarte mejor. *very touchy*
Hacelo por mí.

—Si° no fue nada. Es que la maestra es *but*
una majadera. Todo fue por un chicle
70 bomba.° No sé por qué tiene que complicar *bubble gum*

Sociedad fragmentada **19**

tanto las cosas la Niña y venir con recados impertinentes. Es una vieja necia.

—¡Ya empeszás con las malacrianzas! Esos comentarios no están bien. Es una per-
75 sona mayor y ¡la maestra! La debés respetar. Ella está procurando enseñarte. Claro que es algo° majadera y sobre todo cuando de pedir *somewhat* se trata, no tiene consideración a nadie. Pero la vida enseña que hay que ser con todos
80 bueno, hasta con los que te reprenden.° *reprimand* ¿Entendés?

—Bueno. Hoy empecé con mala pata,° ya *on the wrong foot* me regañaste y así seguirá todo el día.

—¡Andate rápido y directo a la escuela!
85 ¡Que te vaya bien!

—¿No puedo cambiarme de camisa? Esa está un poco sudada y huele a cigarro entrapado.

—Si no fumaras tanto y te bañaras con
90 más frecuencia, la camisa hoy estaría bien.

—Ahora viene la lección de higiene. Fumo porque me da la gana° y me baño cuando *I feel like it* quiero y tengo ganas.

—El café se va a enfriar. Caminá ligero° y *get moving*
95 dejate de las contemplaciones en el espejo.

—¡Mirá! . . . Se murió Rafael. Pobrecillo, tan joven. Alguien me había contado algo de un cáncer, pero no lo quise creer. ¿Te acordás de él? Me parece verlo, siempre a las entradas
100 de los cines, contemplando el desfile de las gentes y luego se iba para su casa. ¡Qué raro placer tenía! Ver entrar a las personas, sin participar de los espectáculos.° *without seeing the*
shows himself
—¿Qué más quería ver? La gente es lo
105 más interesante. ¿Con quién van al cine, qué ropa llevan, de qué hablan, qué cara ponen?° *their expressions* Además, era un vago completo. Nunca hizo mas que ver las calles, que contemplar lo que sucedía sin participar en nada.
110 —Al fin y al cabo° esa es una vida santa, *After all* sin problemas, sin hacer el mal, sin comprometerse ni afectar a nadie.

—Y, ¿qué sabías de lo que pensaba?

—Claro que pensaba. Pensaba en lo idiota
115 que eran los demás que no vivían como él. En fin, ahora se murió y no es bueno comentar sobre su vida. Hay que respetar a los muertos.

—Hay todo un rito en respetar a los
120 muertos. Es la previsión.° Desear que no   *foresight*
haya acres° comentarios cuando nosotros   *bitter*
también muramos y alguien se sorprenda y
nos recuerde al ver la esquela° en el periódico.   *obituary notice*
—Sos° una pensante también y después   *(vos) eres*
125 decís que yo soy el que especula sobre la vida.
—Pienso como lo hace todo el mundo,
pero no trato ni pretendo hacer de eso un oficio, como a veces parecés hacerlo vos, que en
muchas ocasiones creés que sos el único des-
130 pierto e inteligente hombre del mundo.
—¡No exagerés! ¿Vas a ir hoy al mercado?
—No. Haré las compras por aquí cerca y
llegaré hasta la sucursal a pagar la luz.° He   *the electric bill*
135 hecho milagros con la plata de esta quincena.
Tuve que comprarle zapatos a Quincho y todo
lo que me quede lo voy a dejar para ver si
puedo comprarle una capa° aunque sea plás-   *rainproof cape*
tica. Me da lástima verlo venir chorreando
140 agua.°   *dripping wet*
—A los niños les encanta caminar bajo la
lluvia. Aun con la capa lo hacen, se la quitan
y después dicen que se pasa.° Recuerdo que   *it leaks*
yo también lo hacía en mis tiempos.° Hasta   *in my day*
145 me paraba en los chorros de las canoas°   *gutters*
rotas, para sentir el agua como una pequeña
catarata.
—¡Y después los resfríos y las medicinas
y las malas noches! ¡Qué locuras y qué trági-
150 cas consecuencias! Quincho tendrá que ser un
niño normal. No podemos consentir sus
caprichos,° ni sus majaderías.°   *whims / nonsense*
—Me voy. Apenas tengo tiempo, con esos
camiones tan lentos. No te olvidés llevar a
155 que le pongan media suela° a los zapatos   *sole*
cafés.
—¿Venís a almorzar?
—No. Si puedo te aviso con tiempo.°   *ahead of time*
Pero, mejor no me esperés. Me tomaré un
160 café por ahí y vendré a comer temprano.
—¿Limpio también el corredor de la
entrada?
—Todos los días hay que repetirte lo
mismo. Hay que limpiar toda la casa y el co-
165 rredor de la entrada es parte de ella. Después
de que acabés, vení para que me ayudés a

pelar las verduras y a preparar el caldo.
Recogé los platos de la mesa.

—Sí, señora. Anoche tuve un sueño raro.
170 Se me aparecía una mariposa° grande y luego   *butterfly*
venía un mono y la aplastaba.° ¿Usted sabe   *squashed*
qué significa ese enredo?°   *mess*

—Para descifrar sueños estoy. Algo que
comiste antes de acostarte, que te dio pesa-
175 dilla.° Con razón hoy no amaneció queso° en   *nightmare / that's why*
la nevera.   *why there was*
    no cheese

—¡Señora!

—Otra vez, pero es que no podés hacer el
oficio° sin llamarme.   *do your work*

180 —La buscan. Dicen que le traen huevos
frescos y chayotes° tiernos.   *(a type of vegetable)*

—Dirás que me venden.° Ahora nadie   *you mean they'll sell*
regala nada. Por eso no me gusta ni abrir la   *them to me*
puerta. De pequeña creía que cada timbrazo
185 era una sorpresa agradable, que existía
alguien que me podía traer un regalo, que
quizás era una buena noticia. Ahora sé que
todos los timbrazos son o ventas o pejigueras
de plata.° Nunca algo bueno.   *people wanting*
    money
190 —Los huevos son legítimos, de gallinas
caseras,° con la yema amarilla y brillante.   *home-grown hens*

—Pase mañana. Hoy tengo ya dispuesto°   *all set*
el almuerzo y todo comprado.

—"Aurora Batista,
195   qué tiene esa negra"[1]

—¡Ah no!, ¡callate! Bastante tengo con
mis preocupaciones para oír tus berreos.°   *bellowing*

—Supo que echaron a Elena de donde
doña Clara. Ayer pasó con las bolsas bajo el
200 mundo de agua.° Me dijo que le habían dicho   *in the pouring rain*
que no la querían un segundo más en esa
casa. Y la pusieron patitas afuera.°   *they threw her out*

—¿Qué pasaría? En esa casa son una par-
tida de pretenciosos.° Viven sólo para   *bunch of snobs*
205 aparentar. Figurate° que ni duermen en las   *imagine*
camas de lujo que tienen. Parecen negros.[2]
Arreglan las camas y duermen debajo de
ellas.

—Ella me había dicho que no le daban
210 casi de comer° y que le exigían estar con el   *almost nothing to eat*

---

1. The maid lightens her housework by singing a
   popular song.
2. Note the racism of the woman's remarks.

palo de piso° todo el día, dando brillo al brillo,   *mop*
ya parecían espejos los mosaicos.

   —Sólo en eso piensan. Son gente vana y
poco caritativa. Maltratan al servicio° ... y   *servants*
215 todavía no le pagan. Seguro que fue cosa de
cobro y regateo.°   *(that is, a salary dispute)*

   —También me había dicho que la hija de
doña Clara, que está más loca que una cabra,
no la quería para nada. Que cada vez que la
220 veía, se ponía a gritar y a decir que era el fantasma de la casa.

   —Pobre muchacha. Está bien loca y la
culpa la tiene su mamá, que no ha sabido
enseñarle la realidad. No te he contado esa
225 historia. Pues resulta que° ...   *it so happens that*

A. Comprensión

Lea las frases siguientes y decida si son ciertas o falsas. Si son
falsas, cambie las palabras en cursiva para hacer una afirmación
correcta.

1. El padre sale tarde de la casa *porque quiere escuchar las noticias por radio.*
2. La madre está gruñona *porque tiene muchas responsabilidades en la casa.*
3. El hijo Quincho *no respeta* a su maestra.
4. El padre *admira mucho a Rafael* porque nunca afectó la vida
   de otros.
5. La madre se preocupa mucho *por tener una rutina tranquila y
   un hijo normal.*
6. La madre no quiere abrirle la puerta a nadie *porque le falta
   dinero para pagar las cuentas.*
7. *No le molesta a la madre* que su sirvienta cante ni que coma lo
   que haya en casa.
8. *El chofer de doña Clara* fue despedido hace poco.
9. Según la madre, la familia de doña Clara *es pretenciosa.*

B. Análisis del texto

1. La esposa tiene una actitud crítica frente a su esposo.
   Describa brevemente la relación que existe entre ellos.
2. ¿Cómo es la "realidad" que la madre le enseña a su hijo Quincho y la que ella practica con él y los demás?
3. ¿Cómo influye la preocupación por el dinero en la vida diaria
   de los esposos? ¿Y en la de Quincho?
4. Analice brevemente el sueño de la criada.
5. Al contarle a la madre lo que le pasó a Elena, ¿está la sirvienta solamente conversando o busca decirle algo a la madre
   indirectamente? ¿Cuál podría ser su mensaje?

6. Enumere algunas de las técnicas literarias que emplea Carmen Naranjo para presentar la narración como una grabación fiel de la realidad.
7. ¿Qué opinión parece tener la autora de estos personajes? Comente el contenido de las conversaciones, el orden en que éstas se presentan y el uso de la ironía.

C. Conversación

1. Según la presentación de la familia en esta selección, describa las características de la familia de clase media en Costa Rica. ¿Qué papel juega cada miembro en la familia?
2. ¿Qué relaciones existen entre los miembros de la familia y los vecinos y trabajadores de la comunidad?
3. Describa brevemente el modo de vida de Rafael y explique la opinión de los demás que está implícita en sus acciones. ¿Qué detalles del texto indican que el padre y la madre comparten su actitud?
4. ¿Qué inseguridades revelan el padre y la madre frente a los acontecimientos internacionales y a su propia posición en el mundo?
5. Explique las diferencias, si las hay, entre los valores y creencias de esta familia y los de la clase media de su propio país.

D. Temas de composición e investigación

1. Estudio de la intención de la autora de *Los perros no ladraron*, ¿descripción de la realidad o crítica escondida?
2. Los valores de la clase media y sus implicaciones para la sociedad.
3. La clase media en un país de Hispanoamérica y su participación en el poder.

Bibliografía breve

Butterworth, Douglass and John K. Chance. *Latin American Urbanization.* New York: Cambridge Univ. Press, 1981.

Cardoso, Fernando Henrique and Enzo Faletto. *Dependency and Development in Latin America.* Berkeley: Univ. of California Press, 1979.

Lipset, Seymour Martin and Aldo Solari, eds. *Elites in Latin America.* New York: Oxford Univ. Press, 1967.

Veliz, Claudio, ed. *The Politics of Conformity in Latin America.* London/New York: Oxford Univ. Press, 1967.

3. Nos han dado la tierra
Juan Rulfo

Vocabulario

Estudie las siguientes palabras que son necesarias para la comprensión del texto.

Sustantivos

el agujero hole
el arado plow
el cerro hill
el llano plain, level ground
la nube cloud
la raíz root
la semilla seed

Adjetivos

deslavado / a weak, worn out
rajado / a cracked

Verbos

llover to rain
regar to water, irrigate
resbalar(se) to slip
sembrar to plant

Expresiones

fijarse en to notice; to pay attention to

Ejercicios de prelectura

Para la realización de los ejercicios siguientes, es necesario conocer el vocabulario y las expresiones presentadas en la sección anterior.

A. Complete las oraciones con la forma apropiada de las palabras que están entre paréntesis.

1. (llover, regar, sembrar) No . . . y la tierra está muy seca. Los campesinos la necesitan . . . antes de . . . el maíz.
2. (agujero, raíz, semilla) Ayer Pablo plantó una . . . . La puso en un . . . en el jardín. Ahora, espera que la . . . se forme pronto para que la planta sea fuerte.
3. (fijarse en, cerro, resbalarse) Al subir el . . . la niña . . . porque no . . . el camino.
4. (llano, deslavado, nube) Hacía meses que ninguna . . . había pasado por el . . . ; la tierra estaba seca y . . . .
5. (arado, rajado) Las manos . . . del campesino apretaron el . . . y lo hundieron en la tierra.

B. Recuerde el uso del imperfecto de subjuntivo en los siguientes casos: a) después de "como si": *Carlos es artista pero habla de la tierra como si fuera campesino;* b) en cláusulas con "si" seguidas o precedidas por el condicional de indicativo: *Si lloviera, el maíz crecería.* Escoja la forma verbal que complete la frase correctamente.

1. Ella es mexicana pero habla inglés como si (sea, fuera) de los Estados Unidos.
2. Si (sembramos, sembráramos) estas semillas, tendríamos vegetales para dentro de tres meses.
3. Si (se resbala, se resbalara), se rompe.
4. Hoy hace calor, pero él está vestido como si (hace, hiciera) frío.
5. Si el llano no (estaba, estuviera) deslavado, ¿nos lo darían?

C. **Punto de vista narrativo.** El escritor/a que decide objetivar su visión artística desde la perspectiva de un personaje de la obra por lo general emplea los pronombres de la primera persona, tanto en singular como en plural (yo sentí, nosotros vimos). Ese personaje que describe la historia en primera persona puede a su vez ser: a) testigo; b) protagonista. *El narrador/a-testigo* suele ser alguien de menor importancia en la obra que narra las aventuras de otros personajes más importantes. *El narrador/a-protagonista* es el que cuenta con sus propias palabras sus aventuras y pensamientos.

Lea los dos párrafos siguientes y decida si el punto de vista es el de un *narrador/a-testigo* o un *narrador/a-protagonista.* Justifique su respuesta.

1. Desde el momento en que entró en su despacho noté que hoy venía de mal humor. La furia con que cerró su puerta hizo tambalearse los cuadros de la pared. Luego oí su voz llamando a la secretaria.
2. Sabía que aquel día era decisivo en mi vida, debía atreverme de una vez por todas a escribirle una carta al gobernador. Sí, estaba decidido. Entré en mi despacho y cerré la puerta como queriendo dejar detrás de ella toda mi cobardía de aquellos años. Llamé a la secretaria. *la reforma agraria*

Nos han dado la tierra
Juan Rulfo

El escritor mexicano Juan Rulfo (1918), nacido en un pueblo del estado de Jalisco, es una figura clave en la literatura contemporánea de Hispanoamérica. Sus obras importantes son El llano en llamas *(1953) que recoge una colección de sus cuentos, y* Pedro Páramo *(1955), una novela corta.*

    Los campesinos que se unieron a una u otra facción de la Revolución Mexicana (1910–1920) tuvieron como meta central la destrucción del sistema de latifundios, aquellas haciendas enormes que habían crecido a expensas de los agricultores pequeños y las tierras comunales de los indios. Y aunque a partir de la Revolución el gobierno mexicano se ha declarado irrefutablemente a favor de la redistribución egalitaria de la tierra, esa reforma se ha producido muy lentamente. En algunos casos la corrupción administrativa ha impedido que los campesinos obtengan las tierras a las que tienen derecho. En otros casos los campesinos reciben tierras imposibles de cultivar, mientras que los hacendados ricos disponen de las tierras más fértiles. En el cuento Nos han dado la tierra *Juan Rulfo describe esta situación.*

Después de tantas horas de caminar sin encontrar ni una sombra de árbol, ni una semilla de árbol, ni una raíz de nada, se oye el ladrar° de los perros.

5 Uno ha creído a veces, en medio de este camino sin orillas, que nada habría después; que no se podría encontrar nada al otro lado, al final de esta llanura° rajada de grietas° y de arroyos° secos. Pero sí, hay algo. Hay un 10 pueblo. Se oye que ladran los perros y se siente en el aire el olor del humo, y se saborea ese olor de la gente como si fuera una esperanza.

Pero el pueblo está todavía muy allá.° Es 15 el viento que lo acerca.

Hemos venido caminando desde el amanecer. Ahorita son algo así como las cuatro de la tarde. Alguien se asoma al cielo, estira los ojos° hacia donde está colgado el 20 sol y dice:

—Son como las cuatro de la tarde.

Ese alguien es Melitón. Junto con él vamos Faustino, Esteban y yo. Somos cuatro. Yo los cuento: dos adelante, otros dos 25 atrás. Miro más atrás y no veo a nadie. Entonces me digo: "Somos cuatro". Hace rato, como a eso de las once, éramos veintitantos;° pero puñito a puñito se han ido desperdigando° hasta quedar nada más este 30 nudo que somos nosotros.

Faustino dice:

—Puede que llueva.°

Todos levantamos la cara y miramos una nube negra y pesada que pasa por encima de 35 nuestras cabezas. Y pensamos: "Puede que sí".

No decimos lo que pensamos. Hace ya tiempo que se nos acabaron las ganas de

barking

plain / crevices
streams

very far off

looks up

Melitón
Faustino
Esteban

a few more than twenty
scattering

it may rain

hablar. Se nos acabaron con el calor. Uno
40 platicaría muy a gusto° en otra parte, pero   *would chat very*
aquí cuesta trabajo. Uno platica aquí y las   *happily*
palabras se calientan en la boca con el calor
de afuera, y se le resecan° a uno en la lengua   *dry up*
hasta que acaban con el resuello.° Aquí así   *don't let you breathe*
45 son las cosas. Por eso a nadie le da por plati-
car.°   *no one feels like*
    Cae una gota de agua, grande, gorda,   *talking*
haciendo un agujero en la tierra y dejando
una plasta° como la de un salivazo.° Cae sola.   *soft mass / spittle*
50 Nosotros esperamos a que sigan cayendo
más y las buscamos con los ojos. Pero no hay
ninguna más. No llueve. Ahora si se mira el
cielo se ve a la nube aguacera corriéndose
muy lejos, a toda prisa.° El viento que viene   *very rapidly*
55 del pueblo se le arrima° empujándola contra   *gets close*
las sombras azules de los cerros. Y a la gota
caída por equivocación se la come la tierra y
la desaparece en su sed.
    ¿Quién diablos haría° este llano tan   *who the devil made*
60 grande? ¿Para qué sirve, eh?
    Hemos vuelto a caminar, nos habíamos
detenido para ver llover. No llovió. Ahora
volvemos a caminar. Y a mí se me ocurre que
hemos caminado más de lo que llevamos
65 andado. Se me ocurre eso. De haber llovido°   *if it had rained*
quizá se me ocurrieran otras cosas. Con todo,
yo sé que desde que yo era muchacho, no vi
llover nunca sobre el llano, lo que se llama
llover.
70   No, el llano no es cosa que sirva. No hay
ni conejos° ni pájaros. No hay nada. A no ser   *rabbits*
unos cuantos huizaches trespeleques° y una   *worthless shrubs*
que otra manchita de zacate° con las hojas   *spots of desert grass*
enroscadas;° a no ser eso, no hay nada.   *curled*
75   Y por aquí vamos nosotros. Los cuatro a
pie. Antes andábamos a caballo y traíamos
terciada una carabina.° Ahora no traemos ni   *we carried a rifle*
siquiera° la carabina.   *not even*
    Yo siempre he pensado que en eso de
80 quitarnos° la carabina hicieron bien. Por acá   *by taking from us*
resulta peligroso andar armado. Lo matan a
uno sin avisarle, viéndolo a toda hora con "la
30" amarrada a las correas.° Pero los caba-   *belts*
llos son otro asunto. De venir a caballo ya
85 hubiéramos probado el agua verde del río, y
paseado nuestros estómagos por las calles del

pueblo para que se les bajara la comida.° Ya
lo hubiéramos hecho de tener todos aquellos
caballos que teníamos. Pero también nos
quitaron los caballos junto con la carabina.

90   Vuelvo hacia todos lados y miro el llano.
Tanta y tamaña tierra° para nada. Se le
resbalan a uno los ojos al no encontrar cosa
que los detenga. Sólo unas cuantas lagarti-
jas° salen a asomar la cabeza por encima de
95 sus agujeros, y luego que° sienten la tatema
del sol° corren a esconderse en la sombrita de
una piedra. Pero nosotros, cuando tengamos
que trabajar aquí, ¿qué haremos para
enfriarnos del sol, eh? Porque a nosotros nos
100 dieron esta costra de tepetate° para que la
sembráramos.

     Nos dijeron:

     —Del pueblo para acá° es de ustedes.

     Nosotros preguntamos:

105   —¿El Llano?

     —Sí, el llano. Todo el Llano Grande.

     Nosotros paramos la jeta° para decir que
el llano no lo queríamos. Que queríamos lo
que estaba junto al río. Del río para allá, por
110 las vegas, donde están esos árboles llamados
casuarinas y las paraneras° y la tierra buena.
No este duro pellejo de vaca° que se llama el
Llano.

     Pero no nos dejaron decir nuestras cosas.
115 El delegado no venía a conversar con nosotros. Nos puso los papeles en la mano y nos
dijo:

     —No se vayan a asustar por tener tanto
terreno para ustedes solos.

120   —Es que el Llano, señor delegado . . .

     —Son miles y miles de yuntas.[1]

     —Pero no hay agua. Ni siquiera para
hacer un buche° hay agua.

     —¿Y el temporal?° Nadie les dijo que se
125 les iba a dotar° con tierras de riego.° En
cuanto allí llueva, se levantará el maíz como
si lo estiraran.

     —Pero, señor delegado, la tierra está
deslavada; dura. No creemos que el arado se
130 entierre en esa como cantera que es la tierra°

---
to digest our food

so very much land

lizards
as soon as
beating of the sun

crust of white rock

to here

(that is, we put on
  long faces)

pasture lands
dried-out cattle hide

mouthful

rainy season
provide / irrigated

that quarry-like land

---

1. measure of land plowed by a team of oxen in one
   day

del Llano. Habría que hacer agujeros con el
azadón° para sembrar la semilla y ni aún así   *large hoe*
es positivo que nazca nada; ni maíz ni nada
nacerá.

135   —Esto manifiéstenlo por escrito.° Y   *put it in writing*
ahora váyanse. Es al latifundio° al que tienen   *large, privately-*
que atacar, no al gobierno que les da la tierra.   *owned estate*

    —Espérenos usted, señor delegado.
Nosotros no hemos dicho nada contra el Cen-
140 tro.° Todo es contra el Llano . . . No se puede   *(government agency)*
contra lo que no se puede. Eso es lo que
hemos dicho . . . Espérenos usted para expli-
carle. Mire, vamos a comenzar por donde
íbamos . . .

145   Pero él no nos quiso oír.

    Así nos han dado esta tierra. Y en este
comal acalorado° quieren que sembremos   *scorched land*
semillas de algo, para ver si algo retoña° y se   *sprout*
levanta. Pero nada se levantará de aquí. Ni
150 zopilotes.° Uno los ve allá cada y cuando,[1]   *buzzards*
muy arriba, volando a la carrera;° tratando   *swiftly*
de salir lo más pronto posible de este blanco
terregal endurecido, donde nada se mueve y
por donde uno camina como reculando.

155   Melitón dice:
    —Esta es la tierra que nos han dado.
    Faustino dice:
    —¿Qué?
    Yo no digo nada. Yo pienso: "Melitón no
160 tiene la cabeza en su lugar. Ha de ser° el calor   *it must be*
el que lo hace hablar así. El calor que le ha
traspasado el sombrero y le ha calentado la
cabeza. Y si no, ¿por qué dice lo que dice?
¿Cuál tierra nos han dado, Melitón? Aquí no
165 hay ni la tantita° que necesitaría el viento   *little bit*
para jugar a los remolinos."°   *to make swirls of*
    Melitón vuelve a decir: *dust*
    —Servirá de algo. Servirá aunque sea
para correr yeguas.°   *to race mares*
170   —¿Cuáles yeguas?— le pregunta Esteban.
    Yo no me había fijado bien a bien° en Es-   *very closely*
teban. Ahora que habla, me fijo en él. Lleva
puesto un gabán° que le llega al ombligo,° y   *heavy coat / navel*
175 debajo del gabán saca la cabeza algo así como
una gallina.

----

1. . . . every once in a while

Sí, es una gallina colorada la que lleva
Esteban debajo del gabán. Se le ven los ojos
dormidos y el pico abierto como si boste-
180 zara.° Yo le pregunto: *yawning*
    —Oye, Teban, ¿de dónde pepenaste° esa   *where did you steal*
gallina?
    —¡Es la mía!— dice él.
    —No la traías antes. ¿Dónde la mer-
185 caste,° eh?   *did you buy it*
    —No la merqué, es la gallina de mi corral.
    —Entonces, te la trajiste de bastimento,°   *you brought it to eat*
¿no?
    —No, la traigo para cuidarla. Mi casa se
190 quedó sola y sin nadie para que le diera de
comer; por eso me la traje. Siempre que salgo
lejos cargo con ella.°   *I bring her along*
    —Allí escondida se te va a ahogar.°   *suffocate*
Mejor sácala al aire.
195   Él se la acomoda debajo del brazo y le
sopla el aire caliente de su boca. Luego dice:
    —Estamos llegando al derrumbadero.°   *precipice*
    Yo ya no oigo lo que sigue diciendo Este-
ban. Nos hemos puesto en fila para bajar la
200 barranca° y él va mero adelante.° Se ve que   *ravine / slightly ahead*
ha agarrado a la gallina por las patas y la
zangolotea° a cada rato, para no golpearle la   *shakes*
cabeza contra las piedras.
    Conforme bajamos,° la tierra se hace   *as we descend*
205 buena. Sube polvo desde nosotros como si
fuera un atajo° de mulas lo que bajara por   *pack*
allí; pero nos gusta llenarnos de polvo. Nos
gusta. Después de venir durante once horas
pisando° la dureza del llano, nos sentimos   *treading upon*
210 muy a gusto envueltos en aquella cosa que
brinca sobre nosotros y sabe a° tierra.   *tastes like*
    Por encima del río, sobre las copas°   *tops (of trees)*
verdes de las casuarinas, vuelan parvadas de
chachalacas verdes.° Eso también es lo que   *flocks of noisy hens*
215 nos gusta.
    Ahora los ladridos de los perros se oyen
aquí, junto a nosotros, y es que el viento que
viene del pueblo retacha° en la barranca y la   *blows back and forth*
llena de todos sus ruidos.
220   Esteban ha vuelto a abrazar su gallina
cuando nos acercamos a las primeras casas.
Le desata las patas para desentumecerla,° y   *revive her*
luego él y su gallina desaparecen detrás de
unos tepemezquites.°   *(a type of tree)*

225 —¡Por aquí arriendo yo!° —nos dice   *I'm staying here*
Esteban.

Nosotros seguimos adelante, más adentro del pueblo.

La tierra que nos han dado está allá
230 arriba.

A. *Comprensión*

Lea las frases siguientes y decida si son ciertas o falsas. Si son
falsas, cambie las palabras en cursiva para hacer una afirmación
correcta.

1. Los hombres *ven un pueblo* en la distancia.
2. Hay *cuatro hombres* en el grupo ahora.
3. Ellos *platican a gusto* porque son buenos amigos.
4. Se detienen porque *llueve mucho.*
5. El llano tiene *mucha vegetación y muchos animales.*
6. El delegado *habla en nombre del latifundio y les da el llano* a
   los hombres.
7. Los hombres están *contentos porque es tierra de riego.*
8. Esteban trae una gallina *para comerla.* acuadarla
9. Cerca del pueblo, *hay tierra buena, árboles y animales.*
10. El Centro les da permiso a los hombres para sembrar *la tierra
    cerca del pueblo.*

Para relatar las aventuras de los campesinos, el narrador del
cuento sigue un orden *subjetivo.* Indique con los números 1 a 5 el
orden *cronológico* de los siguientes sucesos.

_____ a. Más de veinte hombres inician un viaje por el llano.
_____ b. El señor delegado da el llano a los hombres en nombre del
         gobierno.
_____ c. Cuatro hombres llegan al pueblo en la vega.
_____ d. No se ven ni animales ni árboles.
_____ e. Los hombres se quejan al delegado porque saben que el
         llano no sirve para nada.

B. *Análisis del texto*

1. ¿Qué tipo de narrador emplea Rulfo en el cuento? ¿Revela
   este narrador sus propios pensamientos íntimos? ¿Qué efecto
   produce esto en el lector/a?
2. ¿En qué detalles del llano se fija el narrador para proyectar el
   malestar físico y la desolación emocional que siente?
3. Lea otra vez el episodio de la lluvia y note el uso abundante de
   una palabra. ¿Qué palabra se repite? ¿Qué tono da la repetición al cuento?   Cao
4. Contraste la descripción del ambiente del llano con el del
   pueblo. ¿En qué son diferentes? ¿Cómo cambian los campesinos al pasar de un lugar a otro?

5. ¿Qué efectos busca Rulfo al cambiar el orden cronológico de los sucesos? Si el encuentro con el delegado fuera el primer episodio, ¿cómo cambiaría el tono del cuento?
6. ¿Qué importancia tienen los animales para los campesinos?
7. Este cuento tiene varios rasgos de la literatura regionalista latinoamericana, por ejemplo, el vocabulario mexicano y las descripciones de las plantas y animales típicos de una región. ¿En qué sentido es el cuento también una obra universal?

C. Conversación

1. Basándose en los comentarios del narrador del cuento, indique si los campesinos tienen una relación de dominio, de coexistencia o de subyugación con la naturaleza ¿Cómo ven ellos la tierra, las plantas y los animales que los rodean? Explique sus respuestas con ejemplos.
2. Haga una lista de las maneras en que los campesinos del cuento usarían un terreno. Haga otra lista de las maneras en que personas que Ud. conoce usan la tierra. ¿Cómo son diferentes las dos listas?
3. Describa cómo ve el señor delegado la relación entre el gobierno y el campesino. ¿En qué es diferente esa visión de la que tiene el narrador del cuento? ¿Cómo explica Ud. la diferencia?
4. Si Ud. fuera uno de los campesinos del cuento, ¿qué haría al tomar posesión del llano? Enumere las posibilidades de acción explicando sus ventajas y desventajas.

D. Temas de composición e investigación

1. La visión fatalista de Juan Rulfo en *Nos han dado la tierra*.
2. La sociedad moderna frente a la naturaleza: ¿explotación necesaria o convivencia posible?
3. Retrato del campesino hispanoamericano.

Bibliografía breve

Bronstein, Audrey. *The Triple Struggle: Latin American Peasant Women.* Boston: South End Press, 1983.

Lewis, Oscar. *Pedro Martínez: A Mexican Peasant and His Family.* New York: Random House, 1964.

Potter, Jack M., May N. Díaz and George Foster, eds. *Peasant Society: A Reader.* Boston: Little Brown and Co., 1967.

Preston, David A., ed. *Environment, Society and Rural Change in Latin America: The Past, Present and Future in the Countryside.* New York: John Wiley and Sons, 1980.

Stavenhagen, Rodolfo, ed. *Agrarian Problems and Peasant Movements in Latin America.* New York: Doubleday, 1970.

Autorretrato con el pelo cortado, *1940, por Frida Kahlo (1907–1954), México. Collection, The Museum of Modern Art, New York.*

El solloze, *1939, por David Alfaro Siqueiros (1896-1974), México. Collection, The Museum of Modern Art, New York.*

Capítulo II

Voces de mujeres

Aunque el ideal hispanoamericano dicta que la mujer sea hogareña, obediente a su esposo, dedicada a sus hijos y resignada a su situación, las muchas y grandes diferencias económicas, sociales y culturales entre las mujeres hispanas no permiten una descripción generalizada de más del 50% de la población. Una gran mayoría de las mujeres no han podido nunca vivir en la pasividad descrita por el ideal, porque sus familias no disponen de recursos económicos. Las mujeres pobres y de clase obrera frecuentemente trabajan fuera del hogar en los campos y pequeños negocios familiares, venden comida y artículos de poco valor en las calles y hacen el trabajo doméstico en otras casas. Y aun cuando pueden quedarse en casa, necesitan la fuerza física y emocional para cuidar a su familia bajo condiciones de vida difíciles. También las mujeres de clase media y alta han salido del ámbito del hogar para hacer una carrera profesional, reclamar su derecho al voto y hacer cambios sociales. Especialmente en las últimas décadas, un número cada vez mayor de mujeres ha adquirido conciencia de su papel potencial en la esfera pública y ha empezado a participar directamente en la política y la economía de sus países.

Muchas de las escritoras hispanoamericanas han sido especialmente sensibles a los problemas personales con los que se enfrenta la mujer durante este período de transición. Estas mujeres han dedicado parte de su literatura al análisis de la influencia negativa del ideal, tanto en el individuo como en la sociedad.

4. 'Si me permiten hablar . . .'
Domitila Barrios de Chungara con Moema Viezzer

Vocabulario

Estudie las siguientes palabras que son necesarias para la comprensión del texto.

Sustantivos

el basurero trash can or dump
la formación upbringing
la infancia childhood
la muñeca doll
el trapo rag
la vivienda house, dwelling

Adjetivos

enojado / a angry
inútil useless

Verbos

agarrar to grab
castigar to punish
pegar to hit
rogar to plead; to pray

Expresiones

dedicarse a tomar to drink heavily
   (alcoholic beverages)
llevar en brazos to carry
llevarse a las mil maravillas to get
   along very well
meter bulla to make noise
sentirse culpable to feel guilty

Ejercicios de prelectura

Para la realización de los ejercicios siguientes, es necesario conocer el vocabulario y las expresiones presentadas en la sección anterior.

A. Identifique la palabra de cada grupo que no corresponda y justifique la relación entre las dos palabras restantes.

1. infancia - vivienda - muñeca
2. beber - dedicarse a tomar - castigar
3. muñeca - trapo - formación
4. trapo - basurero - infancia
5. enojado - inútil - gruñón
6. pegar - castigar - agarrar
7. meter bulla - llevarse a las mil maravillas - ser amigos
8. rogar - llevar en brazos - pedir con insistencia

B. Complete con una frase el diálogo siguiente.

Paciente —Me siento tan culpable, doctora.
Psiquiatra —No hay por qué. Ud. se está castigando demasiado.
Paciente (poniéndose a llorar) —Entonces, ¿no le parece que todo fue culpa mía?
. . .

C. **La historia oral.** Los antropólogos, sociólogos e historiadores que quieren examinar la interacción dinámica entre el individuo y la sociedad pueden recoger datos a través de la entrevista y la observación directa de una persona a la que se le conoce como *informante*. La historia oral, basada tanto en las preguntas del investigador/a como en los comentarios espontáneos del informante, trata de captar la vida de éste al enfatizar sus recuerdos, la descripción detallada de su vivir diario, sus reacciones emocionales y sus opiniones. La historia oral permite que el investigador/a conozca al informante estudiado y que aprecie la singularidad de este individuo dentro del marco social que lo ha formado.

Lea las siguientes afirmaciones y elija la frase o frases que mejor describen las características generales de la historia oral.

1. El investigador/a puede influir en los comentarios de su informante según
   a. las preguntas que hace
   b. las notas que escribe
   c. la actitud que tiene hacia el informante
2. Es probable que el informante dé alguna información incorrecta porque
   a. no recordará bien todos los aspectos de su vida
   b. no entenderá bien la sociedad en que vive
   c. mentirá al investigador/a
3. El informante suele presentarse al investigador/a
   a. objetivamente
   b. tal como quiere ser
   c. según sus valores al momento de la entrevista
4. En general, el investigador/a controla la forma escrita de la historia oral al
   a. poner los comentarios de su informante en cierto orden
   b. analizar la información según sus propios valores y actitudes
   c. cambiar la información que ha recibido

obreros / workers

'Si me permiten hablar . . .' Testimonio de Domitila, una mujer de las minas de Bolivia
(fragmento)
Domitila Barrios de Chungara con Moema Viezzer

Domitila Barrios de Chungara (1937) nació en el campamento minero del Siglo XX y se crió en Pulacayo, un pueblo pequeño en la región alta de los Andes bolivianos, donde fue desterrado su padre a causa de sus actividades políticas. Al casarse, volvió a vivir en el Siglo XX donde ahora se dedica a reclamar mejores condiciones para los mineros y sus familias. Moema Viezzer, antropóloga brasileña, ha sido

*supervisora de proyectos de desarrollo comunitario en el nordeste de
Brasil. Actualmente trabaja en proyectos relacionados con la educación y la comunicación de masas.*

*En 1975 y dentro del marco del Año Internacional de la Mujer, se
celebró en México una Tribuna organizada por las Naciones Unidas. A
ella acudieron representantes de muchos gobiernos y grupos políticos
para discutir la situación y los problemas de la mujer. Como única
representante de la clase obrera en la Tribuna, Domitila Barrios de
Chungara habló de su organización, el Comité de Amas de Casa del
Siglo XX, diciendo que la condición de la mujer no podía mejorarse
sin un cambio socioeconómico general. Según Barrios de Chungara, es
necesario que todos los bolivianos participen en el poder; sólo así se
crearán las condiciones necesarias para la liberación completa de la
mujer.*

*Moema Viezzer, que conoció a Domitila Barrios en la Tribuna, le
pidió que colaborara en un libro de historia oral titulado "*Si me permiten hablar . . .*": testimonio de Domitila, una mujer de las minas de
Bolivia. En los fragmentos que se presentan a continuación, Barrios
narra sus recuerdos de una niñez pobre y penosa y explica cuán difícil
le fue conseguir una educación primaria.*

... Y mi madre se murió dejando a cinco
huerfanitas, siendo yo la primera.°   *eldest*

    Entonces yo tuve que hacerme cargo de°   *to take charge of*
mis hermanitas. Tuve que ausentarme de la
5 escuela y mi vida se volvió bastante difícil.
Primero, porque por la muerte de mi mamá,
mi papi se dedicó mucho a tomar. Él sabía
tocar piano, tocar guitarra y entonces la
gente lo invitaba a cualquier fiesta para tocar.
10 De esa manera comenzó a beber mucho. Y
cuando venía mareado,° nos pegaba bas-   *drunk*
tante.

    Vivíamos solitas, casi sin nada. No tenía-
mos amigos, no teníamos juguetes. Una vez,
15 en el basurero, encontré a un osito sin pati-
tas,° bien sucio, bien viejo. Lo llevé a la casa,   *teddy bear without*
lo lavé, lo arreglé. Ese fue el único juguete   *legs*
que tuvimos nosotras. Todas lo manejába-
mos,° me acuerdo muy bien. Era un juguete   *played with it*
20 horrible, pero era toda nuestra ilusión, todo
nuestro juego.°   *(that is, our prized*
    Los días de Navidad dejábamos nuestros   *possession)*
zapatos en la ventana, esperando algún rega-

lito.[1] Pero nunca, nada. Entonces salíamos a
25 la calle y veíamos que todas las niñas estaban
manejando muñecas bonitas. Queríamos por
lo menos° tocarlas, pero las chicas decían: *at least*
"No hay que jugar con esa imilla."° Y se ale- *Indian girl or*
jaban de nosotras. ¿Sería por nuestra forma   *servant (Andean*
30 de ser? ¿O porque no teníamos a nuestra   *term)*
madre? Yo misma no me explico, pero sí,
había ese resentimiento por parte de los otros
niños. De allí que° vivíamos en un mundo *so*
aparte. Nosotras y nadie más, en la cocina
35 jugábamos, nos contábamos cuentos, nos
poníamos a cantar.

* * *

Bueno, en el 54° me fue difícil regresar a *1954*
la escuela después de las vacaciones, porque
nosotros teníamos una vivienda que consistía
40 en una pieza pequeñita donde no teníamos ni
patio y no teníamos dónde ni con quiénes
dejar a las wawas.° Entonces consultamos al *infants or small*
director de la escuela y él dio permiso para   *children (Andean*
llevar a mis hermanitas conmigo. El estudio   *term)*
45 se hacía por las tardes y por las mañanas. Yo
tenía que combinar todo: casa y escuela.
Entonces yo llevaba a la más chiquita
cargada y a la otra agarrada de la mano y
Marina llevaba las mamaderas° y las manti- *baby bottles*
50 llas° y mi hermana la otrita° llevaba los *swaddling clothes /*
cuadernos. Y así todas nos íbamos a la   *my other little sister*
escuela. En un rincón° teníamos un cajoncito *corner*
donde dejábamos a la más chiquita mientras
seguíamos estudiando. Cuando lloraba, le
55 dábamos su mamadera. Y mis otras hermanitas allí andaban de banco en banco. Salía de
la escuela, tenía que cargarme la niñita, nos
íbamos a la casa y tenía yo que cocinar, lavar,
planchar, atender a las wawas. Me parecía
60 muy difícil todo eso. ¡Yo deseaba tanto
jugar! Y tantas otras cosas deseaba, como
cualquier niña.

---

1. In most Hispanic countries, on the eve of January
    6th, children leave their shoes out in hopes that the
    Wise Men from the East will fill them with
    presents.

Dos años después, ya la profesora no me dejó llevar a mis hermanitas porque ya
65 metían bulla. Mi padre no podía pagar a una sirvienta, pues no le alcanzaba su sueldo° ni para la comida y la ropa de nosotras. En la casa, por ejemplo, yo andaba siempre descalza; usaba los zapatos solamente para ir a la
70 escuela. Y eran tantas cosas que tenía que hacer y era tanto el frío que hacía en Pulacayo[1] que se me reventaban las manos° y me salía mucha sangre de las manos y de los pies. La boca, igual, se me rajaban los labios.° De
75 la cara también salía sangre. Es que no teníamos suficientes prendas de abrigo.°

Bueno, como la profesora me había dado aquella orden, entonces yo empecé a irme sola a la escuela. Echaba llave a° la casa y tenían
80 que quedarse las wawas en la calle, porque la vivienda era oscura, no tenía ventana y les daba mucho terror cuando se la cerraba. Era como una cárcel, solamente con una puerta. Y no había dónde dejar a las chicas, porque en
85 ese entonces° vivíamos en un barrio de solteros, donde no había familias, puros hombres° vivían en ahí.

Entonces mi padre me dijo que dejara la escuela, porque ya sabía leer y leyendo podía
90 aprender otras cosas. Pero yo no acepté y me puse fuerte° y seguí yendo a clases.

Y resulta que un día la chiquita comió ceniza de carburo° que había en el basurero, ese carburo que sirve para encender las lám-
95 paras. Sobre esa ceniza habían echado comida y mi hermanita, de hambre, creo yo, se fue a comer de allí. Le dio una terrible infección intestinal y luego se murió. Tenía tres años.
100 Yo me sentí culpable de la muerte de mi hermanita y andaba muy muy deprimida. Y mi padre mismo me decía que esto había ocurrido porque yo no había querido quedarme en casa con las wawas. Como yo
105 había criado° a esta mi hermanita desde que

his salary wasn't enough

my hands split open

my lips cracked

warm clothing

I locked

at that time

only men

obstinate

carbide ash

raised

---

1. Mining town in southwest Bolivia, 4,000 meters above sea level.

nació, eso me causó un sufrimiento muy grande.

Y desde entonces comencé a preocuparme mucho más por mis hermanitas.
110 Mucho más. Cuando hacía mucho frío, y no teníamos con qué abrigarnos, yo agarraba los trapos viejos de mi padre y con eso las abrigaba, les envolvía sus pies, su barriga.° Las — *belly*
cargaba, trataba de distraerlas. Me dediqué
115 completamente a las niñas.

Mi padre gestionó° en la empresa° — *negotiated / company*
minera de Pulacayo para que le dieran una vivienda con patiecito, porque era muy difícil vivir donde estábamos. Y el gerente,° a quien — *manager*
120 mi papá le arreglaba sus trajes, ordenó que le dieran una vivienda más grande con un cuarto, una cocina y un corredorcito donde se podía dejar a las chicas. Y fuimos a vivir en un barrio que era campamento, donde la ma-
125 yoría de las familias eran de obreros de las minas.

Sufríamos hambre a veces y no nos satisfacían los alimentos porque era poco lo que podía comprar mi papá. Ha sido duro vivir
130 con privaciones y toda clase de problemas cuando pequeñas. Pero eso desarrolló algo en nosotras: una gran sensibilidad, un gran deseo de ayudar a toda la gente. Nuestros juegos de niños siempre tenían algo rela-
135 cionado con lo que vivíamos y con lo que deseábamos vivir. Además, en el transcurso° — *in the course*
de nuestra infancia habíamos visto eso: mi madre y mi padre, a pesar de que teníamos tan poco, siempre estaban ayudando a
140 algunas familias de Pulacayo. Entonces, cuando veíamos pobres por la calle mendigando,° yo y mis hermanas nos poníamos a — *begging*
soñar. Y soñábamos que un día íbamos a ser grandes, que íbamos a tener tierras, que
145 íbamos a sembrar y que a aquellos pobres les íbamos a dar de comer. Y si alguna vez nos sobraba° un poco de azúcar o de café o de — *we had left over*
alguna otra cosa y oíamos un ruido, decíamos: "De repente° aquí está pasando un — *suddenly*
150 pobre. Mira, aquí hay un poquito de arroz, un poquito de azúcar." Y lo amarrábamos° a un — *tied*
trapo y . . . "¡pá! . . ." lo echábamos a la calle

para que algún pobre lo recoja.° Una vez *pick it up*
ocurrió que le tiramos a mi papá su café
155 cuando volvía del trabajo. Y cuando entró a
la casa nos regañó mucho y nos dijo: "¿Cómo
pueden ustedes estar desechando° lo poco *wasting*
que tenemos? ¿Cómo van a despreciar° lo que *scorn*
tanto me cuesta ganar° para ustedes?" Y *earn*
160 bien nos pegó. Pero eran cosas que se nos
ocurrían, pensábamos que así podríamos
ayudar a alguien, ¿no?

Y bueno, así era nuestra vida. Yo tenía
entonces 13 años. Mi padre siempre insistía
165 en que no debía seguir en la escuela. Pero yo
le iba rogando, rogando, y seguía yendo.
Claro, siempre me faltaba material escolar.° *school supplies*
Entonces, algunos maestros me comprendían, otros no. Y por eso me pegaban, te-
170 rriblemente me pegaban porque yo no era
buena alumna.

El problema es que habíamos hecho un
trato° mi papá y yo. Él me había explicado *agreement*
que no tenía dinero, que no me podía comprar
175 material, que no podía dar nada para la
escuela. Y yo le prometí entonces que no le
iba a pedir nada para la escuela. Y de ahí que
me arreglaba como podía.° Y por eso tenía yo *I took care of things*
problemas.   *as well as I could*

180   En el sexto curso tuve como profesor a
un gran maestro que me supo comprender.
Era un profesor bastante estricto, y los primeros días que yo no llevé el material completo, me castigó bien severamente. Un día
185 me jaló de los cabellos,° me dio palmadas y, al *he pulled my hair*
final, me botó° de la escuela. Tuve que irme a *threw me out*
la casa, llorando. Pero al día siguiente, volví.
Y de la ventana miraba lo que estaban
haciendo los chicos.

190   En uno de esos momentos, el profesor me
llamó:

—Seguramente no ha traído su material—me dijo. Yo no podía contestar y me
puse a llorar.

195   —Entre. Ya pase, tome su asiento. Y a la
salida° se ha de quedar usted.   *when class is over*

Para ese momento, una de las chicas ya le
había avisado° que yo no tenía mamá, que yo *informed*
cocinaba para mis hermanitas y todo eso.

200   A la salida me quedé y entonces él me dijo:

     —Mira, yo quiero ser tu amigo, pero necesito que me digas qué pasa con vos.° ¿Es cierto que no tienes tu mamá?   (contigo)

205   —Sí, profesor.

     —¿Cuándo se murió?

     —Cuando estaba todavía en el primer curso.

     —Y tu padre, ¿dónde trabaja?

210   —En la policía minera, es sastre.°   tailor

     —Bueno, ¿qué es lo que pasa? Mira, yo quiero ayudarte, pero tienes que ser sincera. ¿Qué es lo que pasa?

     Yo no quería hablar, porque pensé que iba
215 a llamar a mi padre como algunos profesores lo hacían cuando estaban enojados. Y yo no quería que lo llamara, porque así había sido mi trato con él: de no molestarlo y no pedirle nada. Pero el profesor me hizo otras pregun-
220 tas y entonces le conté todo. También le dije que podía hacer mis tareas, pero que no tenía mis cuadernos, porque éramos bien pobres y mi papá no podía comprar y que, años atrás, ya mi papá me había querido sacar de la
225 escuela porque no podía hacer ese gasto más.° Y que con mucho sacrificio y esfuerzo   *further expense* había yo podido llegar hasta el sexto curso. Pero no era que mi papá no quisiera, sino porque no podía. Porque, incluso, a pesar de toda
230 la creencia que había en Pulacayo de que a la mujer no se debía enseñar a leer, mi papá siempre quiso que supiéramos por lo menos eso.

     Sí, mi papá siempre se preocupó por nues-
235 tra formación. Cuando murió mi mamá, la gente nos miraba y decía: "Ay, pobrecitas, cinco mujeres, ningún varón° . . . ¿para qué   *male* sirven? . . . Mejor si se mueren." Pero mi papá muy orgulloso decía: "No, déjenme a
240 mis hijas,° ellas van a vivir." Y cuando la   *let my daughters alone* gente trataba de acomplejarnos° porque éra-   *to make us feel bad* mos mujeres y no servíamos para gran cosa,°   *for much of* él nos decía que todas las mujeres tienen los   *anything* mismos derechos que los hombres. Y decía
245 que nosotras podíamos hacer las hazañas°   *perform the deeds* que hacen los hombres. Nos crió siempre con

esas ideas. Sí, fue una disciplina muy especial. Y todo eso fue muy positivo para nuestro futuro. Y de ahí que nunca nos consideramos mujeres inútiles.

250 El profesor comprendía todo esto, porque yo le contaba. E hicimos un trato de que yo le iba a pedir todo el material de que necesitaba. Y desde ese día nos llevábamos a las mil maravillas. Y el profesor nos daba todo el
255 material que necesitábamos yo y mis hermanitas más. Y así pude terminar mi último año escolar . . .

A. Comprensión

Lea las frases siguientes y decida si son ciertas o falsas. Si son falsas, cambie las palabras en cursiva para hacer una afirmación correcta.

1. Domitila *no sabía por qué* los otros niños no querían jugar con ella y sus hermanas.
2. Domitila regresó a la escuela *cuando sus hermanitas llegaron a la edad de estudiar.*
3. Las niñas eran muy pobres *porque su padre no tenía trabajo.*
4. Cuando Domitila comenzó a irse sola a la escuela, *dejó a sus hermanas en la calle.*
5. Las hermanas sufrían hambre y por eso *soñaban con ayudar a otros pobres que tenían menos que ellas.*
6. Los profesores pegaban a Domitila *porque ella no quería estudiar.*
7. Domitila no quería contar sus problemas al profesor del sexto curso *porque temía que él molestara a su padre.*
8. La gente del barrio *envidiaba al padre* por tener cinco hijas.
9. El profesor del sexto año ayudó a Domitila y *ella pudo terminar sus estudios.*

B. Análisis del texto

1. Al presentar el testimonio de Domitila, ¿analiza Viezzer las ideas de la informante? ¿Qué ventajas y desventajas tiene este método de entrevista que hace Viezzer?
2. ¿Bajo qué condiciones económicas y sociales vivía la familia de Domitila en Pulacayo? Comente en particular:
   a) el papel de la empresa minera en la región
   b) el carácter de los barrios y el tipo de viviendas
   c) la comida, la ropa y el material escolar
   d) la disciplina en el hogar y en la escuela

3. ¿Cómo reaccionó el padre frente a los comentarios del pueblo sobre sus hijas huérfanas de madre? ¿Qué contradicciones encuentra Ud. entre las ideas del padre y su manera de tratar a sus hijas?
4. A pesar de su pobreza, ¿qué tenía Domitila en común con las otras niñas de su sociedad? Busque ejemplos del texto para apoyar su respuesta.
5. ¿Qué aspectos negativos menciona Domitila de su niñez? ¿Cómo los interpreta la Domitila adulta? ¿Los analiza a fondo? ¿Los idealiza? ¿Cómo se explica esta presentación de una niñez difícil?

C. Conversación

1. ¿Cuál era la opinión general en Pulacayo sobre la mujer y su función en la sociedad? ¿Qué actividades de Domitila iban en contra de esta actitud? Comente sobre su espíritu para luchar contra los límites impuestos a las mujeres.
2. Si juzgara Ud. nada más que por las apariencias, ¿cómo explicaría la muerte de la hermanita de Domitila? Después de leer el testimonio de Domitila, ¿qué otra interpretación podría Ud. dar a esta desgracia?
3. ¿Qué le parece a Ud. que aprendió Domitila durante sus años escolares? Considere sus relaciones con la gente del pueblo, sus profesores y su padre. ¿Qué llegó a aprender de sí misma? ¿Cuáles fueron las ventajas y los inconvenientes de su tenacidad para seguir estudiando?
4. Según lo que Domitila decide revelar de su niñez y su manera de presentarse en la entrevista, ¿qué impresión tiene Ud. de la Domitila adulta?

D. Temas de composición e investigación

1. Domitila Barrios de Chungara: los recuerdos escogidos para su testimonio como base de su visión presente.
2. La educación de la mujer hoy día: ¿preparación para el status quo o para el poder?
3. Las actividades de las mujeres hispanoamericanas de clase obrera para mejorar sus condiciones de vida.

Bibliografía breve

Buvinć, Mayra, Margaret Lycette and William Paul McGreevey, eds. *Women and Poverty in the Third World.* Baltimore: Johns Hopkins Univ. Press, 1983.

Bourque, Susan C. and Kay Barbara Warren. *Women of the Andes: Patriarchy and Social Change in Two Peruvian Towns.* Ann Arbor: Univ. of Michigan Press, 1981.

su misas

Elmendorf, Mary. *Nine Mayan Women: A Village Faces Change*. Cambridge: Schenkman Publishing Co., 1976.

Latin American and Caribbean Women's Collective. *Slaves of Slaves: The Challenge of Latin American Women*. Trans. Michael Pallis. London: Zed Press, 1980.

Women in Latin America: An Anthology from Latin American Perspectives. Riverside, Cal.: Latin American Perspectives, 1979.

---

5. Valium 10
Rosario Castellanos

Vocabulario

Estudie las siguientes palabras que son necesarias para la comprensión del texto.

Sustantivos

la errata error in writing or printing

el frasco bottle with narrow neck

Adjetivos

cotidiano/a everyday

Verbos

deletrear to spell

desempeñar to carry out

deslizar(se) to slip out, let slip

destapar to uncover, take off the cover or lid

extraviar to lose, misplace

quebrar to break

redactar to edit, compose

vigilar to watch over

Ejercicios de prelectura

Para la realización de los ejercicios siguientes, es necesario conocer el vocabulario presentado en la sección anterior.

A. Sustituya la palabra en cursiva de cada frase con un sinónimo.

1. ¡Siento haber *roto* tu *botella* de perfume! Fui a *quitarle la tapadera* y se me *resbaló* de las manos.
2. Para llegar a ser buen periodista hay que *escribir* sin ninguna *falta*.
3. Paco y Amanda deben *observar* más de cerca a Paquito. Ayer se les *perdió* en la playa por más de una hora.
4. La vida *de todos los días* en mi pueblo es tranquila. Todo el mundo *hace* su trabajo en paz.
5. No entendí su apellido, por favor *dígamelo letra por letra*.

B. **Versos y estrofas.** Por lo general un poema consiste en: *versos* (una palabra o grupo de palabras que obedecen ciertas reglas de medida y cadencia), y *estrofas* (grupos de versos que pueden o no ser simétricos). El poema de Rosario Castellanos, *Valium 10,* contiene 43 versos divididos en 8 estrofas.

C. **Sinalefa.** La lectura de un poema debe respetar el ritmo de pronunciación que le dio su autor/a al redactarlo. Para ello, a veces es necesario leer en *sinalefas.* La *sinalefa* consiste en pronunciar como una sola vocal la última sílaba de una palabra y la primera de la palabra siguiente. Practique leyendo las dos *sinalefas* que contiene el siguiente verso de Rosario Castellanos.

Un dulce, una medalla, todo el amor, el cielo.

Ahora indique dónde ocurren ejemplos de *sinalefa* en los versos siguientes. Lealos en voz alta.[1]

A. Y luego me entregaron
   esto que veis escrito en mi tarjeta,
   esto que pongo al pie de mis poemas:

B. diles que me estoy vistiendo
                     que ya voy
   si el capitán es el mismo de
                     la otra vez
   ya sabe
           lo que va a pasar.

Valium 10
Rosario Castellanos

Rosario Castellanos (1925–1974) fue novelista, cuentista, poeta y embajadora de México en Israel. Su obra trata una variedad de temas, desde la condición de los indios mexicanos hasta los mitos y estereotipos de la mujer. Entre sus libros más conocidos se encuentran Album de familia *(1971),* El eterno femenino *(1974) y el póstumo* Poesía no eres tú *(1977) en el que se recoge toda su obra poética.*

Hoy día en México, como en casi todos los países de Hispanoamérica, hay grupos feministas que analizan las condiciones propias de la mujer, tales como la sexualidad, la reproducción, la violación y los malos tratos, así como las leyes que impiden que la mujer tenga iguales oportunidades en el mercado de trabajo. Según el punto de vista feminista, las mujeres forman un grupo social particular, ligado

---

1. Los versos han sido tomados de los siguientes poemas incluídos en esta antología: (A) "El apellido" de Nicolás Guillén, (B) "Identidad" de Ariel Dorfman.

estrechamente a la realidad sociopolítica, pero distinto. Así mientras que las feministas apoyan el cambio político y económico, no creen que estos cambios basten para liberar a la mujer de su situación actual.

Castellanos nunca se proclamó feminista; es más, un personaje de su última obra, El eterno femenino, advierte que las mexicanas no deben importar un feminismo europeo o norteamericano ya que éste no corresponde a su propia situación en México. Sin embargo, la obra de Castellanos abarca algunos de los temas más importantes y discutidos del análisis feminista. En su poema Valium 10, la escritora capta el dilema de la mujer de clase media que ha salido del papel tradicional para desempeñar su función como mujer profesional. Castellanos revela el problema básico de la mujer hispanoamericana que lucha contra un esquema social que pretende relegarla al hogar y que si se atreve a abandonarlo, debe ser capaz de enfrentarse a críticas, doble trabajo y soledad.

A veces (y no trates
de restarle importancia°   downplay its
diciendo que no ocurre con frecuencia)   importance
se te quiebra la vara con que mides,°   you lose perspective
5   se te extravía la brújula°   compass
y ya no entiendes nada.

El día se convierte en una sucesión
de hechos incoherentes, de funciones
que vas desempeñando por inercia y por hábito.

10 Y lo vives. Y dictas el oficio
a quienes corresponde. Y das la clase
lo mismo a los alumnos inscritos que al oyente.
Y en la noche redactas el texto que la imprenta
devorará mañana.

15 Y vigilas (oh, sólo por encima)°   only on the surface
la marcha de la casa, la perfecta
coordinación de múltiples programas
—porque el hijo mayor ya viste de etiqueta°   formal attire
para ir de chambelán a un baile de quince años°   debutante ball
20 y el menor quiere ser futbolista y el de en medio
tiene un póster del Che[1] junto a su tocadiscos.

Y repasas las cuentas del gasto°y reflexionas   household bills
junto a la cocinera, sobre el costo
de la vida y el ars magna° combinatoria   (Latin) great art
25 del que surge el menú posible y cotidiano.

---

1. Ernesto "Che" Guevara, (1928–1967), Argentinian guerrilla leader

Y aún tienes voluntad° para desmaquillarte   *strength*
y ponerte la crema nutritiva° aún leer   *night cream*
algunas líneas antes de consumir la lámpara.°   *turn off the light*

Y ya en la oscuridad, en el umbral° del sueño,   *threshold*
30 echas de menos° lo que se ha perdido: *you miss*
el diamante de más precio, la carta
de marear,° el libro   *ocean chart*
con cien preguntas básicas (y sus correspondientes
respuestas) para un diálogo
35 elemental siquiera con la Esfinge.[1]

Y tienes la penosa° sensación   *painful*
de que en el crucigrama se deslizó una errata
que lo hace irresoluble.

Y deletreas el nombre del Caos. Y no puedes
40 dormir si no destapas
el frasco de pastillas y si no tragas una
en la que se condensa,
químicamente pura, la ordenación del mundo.

A. Comprensión

Complete las frases siguientes.

1. Algunas de las actividades profesionales de la mujer del poema son . . . .
2. Como parte de sus responsabilidades domésticas, la mujer . . . .
3. Antes de acostarse, ella . . . .
4. El diamante, la carta y el libro de preguntas son cosas que . . . .
5. Para poner orden en su mundo, la mujer . . . .

B. Análisis del texto

1. ¿Cuál de las frases siguientes describe correctamente a la narradora del poema? Justifique su respuesta.
   a. Es una paciente que habla con su psiquiatra.
   b. Es una mujer que conversa con una amiga.
   c. Es una mujer que habla de sí misma.
2. Castellanos escribió "Valium 10" usando los pronombres de la segunda persona singular (tú). ¿Produce esta decisión

---

1. Sphinx (mythological beast who poses riddles to all passers-by)

algún efecto especial en el lector/a del poema? ¿Varía este efecto según el sexo del lector/a? Explique su respuesta.

3. Note la frecuencia de la palabra y en el poema. ¿Qué comunica esta repetición acerca del estado de ánimo de la narradora?

4. ¿Qué revelan a) las imágenes asociadas con un viaje por mar y b) las referencias a las acciones de tragar, devorar y *agresión* estrangular, de los sentimientos de la narradora?

5. Explique sencillamente lo que significa la pérdida del libro con las preguntas para la Esfinge. ¿Qué sabía la mujer antes? ¿Qué no entiende ahora?

C. Conversación

1. En la sociedad de Ud. ¿qué cambios han ocurrido en los papeles tradicionales de la mujer y la madre de clase media? ¿Qué dilemas y ansiedades surgen de estos cambios para las mujeres mismas? ¿Y para su familia? ¿Y para otras instituciones en la sociedad?

2. Parece muy serio que una mujer intelectual (profesora y escritora) crea que sus días son "una sucesión de hechos incoherentes". Analice el problema indicando posibles causas sociales de su situación.

3. Según las investigaciones sobre el consumo de drogas en algunos países, las mujeres suelen usar y abusar de los tranquilizantes, especialmente Valium, mucho más que los hombres. ¿Qué factores podrían explicar esto?

D. Temas de composición e investigación

1. La expresión literaria de la ansiedad en *Valium 10*.
2. Los conflictos vividos hoy día por la mujer profesional.
3. La mujer hispanoamericana en la fuerza de trabajo.

Bibliografía breve

Benería, Lourdes. *Women and Development: The Sexual Division of Labor in Rural Societies*. New York: Praegar, 1982.

Chaney, Elsa M. *Supermadre: Women in Politics in Latin America*. Austin: Univ. of Texas Press, 1979.

Elu de Leñero, María del Carmen, ed. *La mujer en América Latina. Vol. I and II*. Mexico: Sep Setentas, 1975.

_____, *Perspectivas femeninas en América Latina*. Mexico: Sep Setentas, 1976.

Nash, June and Helen Icken Safa, eds. *Sex and Class in Latin America*. New York: Praeger, 1976.

CAUJ

6. Cine Prado
Elena Poniatowska

Vocabulario

Estudie las siguientes palabras que son necesarias para la comprensión del texto.

Sustantivos

el aficionado fan, enthusiast
la butaca orchestra or box seat
el cine movies; movie theater
el malvado wicked man
la pantalla screen
el papel role
el presupuesto budget
los títulos subtitles

Adjetivos

dichoso / a fortunate
trastornado / a upset, disturbed

Verbos

borrar to erase
desatar to undo, loosen
engañar to deceive
prescindir to dispense with, leave
  out of the question

Expresiones

de ahora en adelante from now on
de una vez por todas once and for
  all
tomarse la molestia to take the
  trouble

Ejercicios de prelectura

Para la realización de los ejercicios siguientes, es necesario conocer el vocabulario y las expresiones presentadas en la sección anterior.

A. Empareje las dos columnas para dar definición a las palabras de la izquierda.

el cine
la película
el aficionado
la pantalla
la butaca
el papel
los títulos

—telón blanco sobre el cual se proyecta un film
—el teatro
—el personaje representado por un actor o una actriz
—la cinta cinematográfica o el film
—una persona que tiene mucho entusiasmo por algo
—donde se sienta una persona en el teatro
—inscripciones en la pantalla que traducen el diálogo de una película extranjera

B. Escoja la palabra o expresión de la lista a la derecha de la página para completar cada frase. Use la forma correcta de la palabra o expresión.

1. . . . no permitiré que ese . . . entre en mi casa. Al verlo me siento tan . . . que ni puedo hablar.
2. La profesora . . . de . . . la pizarra porque sabía que otros la iban a usar.
3. La película tenía un . . . enorme para que el director no tuviera que . . . de ningún efecto especial.
4. . . . quiero saber si me . . . tú al decir que me amabas.
5. Alejandro se sentía . . . de poder . . . la corbata y quitarse los zapatos.

de una vez por
   todas
presupuesto
malvado
tomarse la
   molestia
dichoso
borrar
desatar
engañar
de ahora en
   adelante
trastornado
prescindir

C. Estilo florido. Las ideas pueden expresarse de muchas formas diferentes, y el estilo o la forma que elige un autor/a para expresar una idea es tan importante como la idea misma. El estilo florido es aquel que usa muchas palabras, eufemismos (modo de expresar indirectamente, con más suavidad o decoro una idea), metáforas, e hipérboles (la exageración de las cualidades de un ser). El estilo florido puede usarse para marcar la ironía de una situación o un personaje, para exagerar las cualidades de algo o alguien, para quitarle dureza a una realidad, o para crear un ambiente de grandeza.

Lea los ejemplos siguientes, identifique el significado real de cada ejemplo, y diga por qué razón cree usted que expresó el autor/a esas frases en estilo florido.

1. El decir que Paula es inteligente iría en contra de una integridad personal mía que jamás ha eludido las exigencias de la verdad. En otras palabras, Paula
   a. tiene integridad personal e inteligencia
   b. es tonta
   c. siempre quiere que yo diga la verdad
2. Un galán abominable condujo a la señorita Pérez al último extremo de la degradación humana. En otras palabras, la señorita Pérez
   a. es una mujer mala
   b. abomina la degradación
   c. fue seducida

3. María Cristina, esa criatura angelical, siempre hermosa, debe prescindir de cualquiera de sus hipótesis. En otras palabras,
   a. María Cristina debe cambiar de opinión
   b. las ideas de María Cristina son imprescindibles
   c. cualquier hipótesis puede ser válida
4. Mi presupuesto familiar tuvo que sufrir importantes modificaciones a fin de pagar la cuenta médica. En otras palabras, yo tenía
   a. más dinero para el hogar que antes
   b. menos dinero para el hogar que antes
   c. una cuenta médica de poca consecuencia
5. Ernesto daría lo que no tiene con tal de que Julieta conservara siempre en su corazón el recuerdo de ese primer beso. En otras palabras,
   a. Ernesto tiene ganas de besar a Julieta
   b. Julieta no recuerda el beso que le dio Ernesto
   c. Ernesto espera que Julieta lo recuerde a él

Cine Prado
Elena Poniatowska

Elena Poniatowska (1933) nació en París y, a los nueve años de edad se trasladó con su familia a México. Periodista de gran renombre, cuentista y novelista, Poniatowska refleja en sus escritos una preocupación social por México y la situación de la mujer en ese país. Entre sus obras más importantes se destacan Hasta no verte Jesús mío *(1969),* La noche de Tlatelolco *(1971),* De noche bienes *(1979) y* Fuerte es el silencio *(1980).*

Uno de los mitos más analizados por las escritoras hispanoamericanas es el de la mujer espiritual, inocente y sufrida frente a la carnalidad del hombre. En Cine Prado,[1] *cuento escrito en forma de una carta a una actriz francesa, Elena Poniatowska examina con gran ironía la manera en que el hombre tradicionalmente percibe a la mujer. Asiduo espectador de las películas eróticas de la actriz, el autor de la carta se entretiene en recordar las veces que ella ha hecho el papel de mujer-víctima, triste y abandonada, mientras que denuncia amargamente sus papeles más recientes de mujer sensual y feliz, condición que él considera descarada y escandalosa.*

---

1. *Cine Prado* refers to a movie theatre in Mexico City

epistolar

Señorita:

A partir de hoy,° debe usted borrar mi nombre de la lista de sus admiradores. Tal vez convendría ocultarle esta deserción, pero ca-
5 llándome, iría en contra de una integridad personal que jamás ha eludido las exigencias de la verdad. Al apartarme de usted, sigo un profundo viraje° de mi espíritu, que se resuelve en el propósito final de no volver a
10 contarme° entre los espectadores de una película suya.

    Esta tarde, más bien,° esta noche, usted me destruyó. Ignoro si le importa° saberlo, pero soy un hombre hecho pedazos.° ¿Se da
15 usted cuenta?° Soy un aficionado que persiguió su imagen en la pantalla de todos los cines de estreno y de barrio,° un crítico enamorado que justificó sus peores actuaciones morales y que ahora jura de rodillas°
20 separarse para siempre de usted aunque el simple anuncio de *Fruto Prohibido* haga vacilar su decisión. Lo ve usted, sigo siendo un hombre que depende de una sombra engañosa.

25   Sentado en una cómoda butaca, fui uno de tantos,° un ser perdido en la anónima oscuridad, que de pronto se sintió atrapado en una tristeza individual, amarga y sin salida. Entonces fui realmente yo, el solitario
30 que sufre y que le escribe. Porque ninguna mano fraterna se ha extendido para estrechar la mía. Cuando usted destrozaba tranquilamente mi corazón en la pantalla, todos se sentían inflamados y fieles.° Hasta hubo un
35 canalla° que rió descaradamente, mientras yo la veía desfallecer° en brazos de ese galán abominable que la condujo a usted al último extremo de la degradación humana.

    Y un hombre que pierde de golpe° todos
40 sus ideales ¿no cuenta para nada,° señorita?

    Dirá usted que soy un soñador, un excéntrico, uno de esos aerolitos° que caen sobre la tierra al margen de todo cálculo.° Prescinda usted de cualquiera de sus hipótesis, el que la

from this day
forward

change of direction

include myself

or rather
care
crushed
do you realize (this)?

first-run and neighbor-
hood movie theaters
bent knees

one of many

excited and faithful (to you)
scoundrel
swoon

suddenly
doesn't he matter

meteoric stones
unpredictably

está juzgando soy yo, y hágame el favor de
ser más responsable de sus actos, y antes de
firmar un contrato o de aceptar un compa-
ñero estelar,° piense que un hombre como yo   *co-star*
puede contarse entre el público futuro y reci-
bir un golpe mortal. No hablo movido por los
celos,° pero créame usted: en *Esclavas*° del   *jealousy / slaves*
deseo fue besada, acariciada° y agredida° con   *caressed / assaulted*
exceso. No sé si mi memoria exagera, pero en
la escena del cabaret no tenía usted por qué
entreabrir de esa manera sus labios, desatar
sus cabellos sobre los hombros y tolerar los
procaces ademanes° de aquel marinero, que   *insolent manners*
sale bostezando,° después de sumergirla en el   *yawning*
lecho del desdoro° y abandonarla como una   *a tarnished (shameful) bed*
embarcación que hace agua.°   *sinking ship*
    Yo sé que los actores se deben° a su   *owe themselves*
público, que pierden en cierto modo° su libre   *to a certain extent*
albedrío° y que se hallan a la merced° de los   *free will / mercy*
caprichos° de un director perverso; sé tam-   *whims*
bién que están obligados a seguir punto por
punto todas las deficiencias y las falacias del
texto° que deben interpretar, pero déjeme   *script*
decirle que a todo el mundo le queda, en el
peor de los casos, un mínimo de iniciativa,
una brizna° de libertad que usted no pudo o   *wisp*
no quiso aprovechar.°   *take advantage of*
    Si se tomara la molestia, usted podría ale-
gar en su defensa que desde su primera irrup-
ción en el celuloide aparecieron algunos de los
rasgos de conducta que ahora le reprocho. Es
verdad; y admito avergonzado que ningún
derecho ampara mis querellas.° Yo acepté   *I have no right to*
amarla tal como es. Perdón, tal como creía   *complain*
que era. Como todos los desengañados,
maldigo el día en que uní mi vida a su destino
cinematográfico. Y conste que° la acepté   *bear in mind that*
toda opaca° y principiante, cuando nadie la   *obscure*
conocía y le dieron aquel papelito de trota-
calles° con las medias chuecas° y los tacones   *street walker / crooked*
carcomidos,° papel que ninguna mujer   *stockings / worn out*
                                                           heels / capable
decente habría sido capaz° de aceptar. Y sin   *capable*
embargo, yo la perdoné, y en aquella sala
indiferente y llena de mugre° saludé la apari-   *filth*
ción de una estrella.° Yo fui su descubridor, el   *star*
único que supo asomarse a su alma,°   *to understand your*
entonces inmaculada, pese a° su bolsa   *soul / despite*

arruinada y a vueltas de carnero.° Por lo que *heavy, banged about*
más quiera en la vida, perdóneme este brusco
arrebato.° *sudden ecstasy*

95   Se le cayó la máscara,° señorita. Me he *your mask has fallen*
dado cuenta de la vileza° de su engaño.° *vileness / deception*
Usted no es la criatura de delicias, la paloma° *dove*
frágil y tierna a la que yo estaba acostum-
brado, la golondrina° de inocentes revuelos,° *swallow / turns*
100 el rostro perdido entre gorgueras de encaje° *neck ruffles of lace*
que yo soñé, sino una mala mujer hecha y
derecha,° un despojo° de la humanidad, no- *thoroughly evil / low form / thrill seeker*
velera° en el peor sentido de la palabra. De
ahora en adelante, muy estimada señorita,
105 usted irá por su camino y yo por el mío. Ande,
ande usted, siga trotando por las calles, que
yo ya me caí como una rata en una alcantarilla.° Y conste que lo de señorita se lo digo *sewer*
porque a pesar de los golpes que me ha dado
110 la vida sigo siendo un caballero. Mi viejita
santa° me inculcó en lo más hondo° el guar- *my saintly mother / deep within me*
dar siempre las apariencias. Las imágenes se
detienen y mi vida también. Así es que . . .
señorita. Tómelo usted, si quiere, como una
115 desesperada ironía.

    Yo la había visto prodigar besos y recibir
caricias en cientos de películas, pero antes,
usted no alojaba° a su dichoso compañero en *permitted access*
el espíritu. Besaba usted sencillamente como
120 todas las buenas actrices: como se besa a un
muñeco de cartón. Porque, sépalo usted de
una vez por todas, la única sensualidad que
vale la pena° es la que se nos da envuelta en *that is worthwhile*
alma, porque el alma envuelve entonces nues-
125 tro cuerpo, como la piel de la uva comprime la
pulpa, la corteza° guarda el zumo.° Antes, *peel (of a fruit) / juice*
sus escenas de amor no me alteraban, porque
siempre había en usted un rasgo de dignidad
profanada, porque percibía siempre un íntimo
130 rechazo,° una falla° en el último momento *rejection / failure*
que rescataba° mi angustia y consolaba mi *rescued*
lamento. Pero en *La rabia en el cuerpo* con los
ojos húmedos de amor, usted volvió hacia mí
su rostro verdadero, ese que no quiero ver
135 nunca más. Confiéselo de una vez: usted está
realmente enamorada de ese malvado, de ese
comiquillo de segunda,° ¿no es cierto? ¿Se *second-rate actor*
atrevería a negarlo impunemente?° Por lo *without fear of punishment*

menos todas las palabras, todas las promesas
140 que le hizo, eran auténticas, y cada uno de sus
gestos, estaban respaldados en la firme decisión de un espíritu entregado. ¿Por qué ha
jugado conmigo como juegan todas? ¿Por
qué me ha engañado usted como engañan
145 todas las mujeres, a base de máscaras suce-
sivas y distintas? ¿Por qué no me enseñó
desde el principio, de una vez, el rostro desa-
tado° que ahora me atormenta?   *unrestrained face*

    Mi drama es casi metafísico y no le
150 encuentro posible desenlace.° Estoy solo en   *resolution*
la noche de mi desvarío.° Bueno, debo confe-   *madness*
sar que mi esposa todo lo comprende y que a
veces comparte mi consternación. Estába-
mos gozando aún de los deliquios° y la   *rapture*
155 dulzura propia de° los recién casados cuando   *characteristic of*
acudimos inermes° a su primera película.   *attended unaware*
¿Todavía la guarda usted en su memoria?
Aquélla del buzo° atlético y estúpido que se   *deep-sea diver*
fue al fondo del mar, por culpa suya,° con   *with you to blame*
160 todo y escafandra.° Yo salí del cine completa-   *diver's suit and all*
mente trastornado, y habría sido una vana
pretensión el ocultárselo a mi mujer. Ella, por
lo demás, estuvo completamente de mi parte;
y hubo de° admitir que sus deshabillés° son   *had to / dressing*
165 realmente espléndidos. No tuvo inconve-   *gowns*
niente en° acompañarme otras seis veces,   *she didn't mind*
creyendo de buena fe que la rutina rompería
el encanto. Pero ¡ay! las cosas fueron
empeorando a medida que° se estrenaban°   *as / were released*
170 sus películas. Nuestro presupuesto hogareño
tuvo que sufrir importantes modificaciones a
fin de permitirnos frecuentar las pantallas
unas tres veces por semana. Está por demás
decir° que después de cada sesión cinema-   *it is unnecessary to*
175 tográfica pasábamos el resto de la noche dis-   *add*
cutiendo. Sin embargo, mi compañera no se
inmutaba. Al fin y al cabo° usted no era más   *after all*
que una sombra indefensa, una silueta de dos
dimensiones, sujeta a las deficiencias de la
180 luz. Y mi mujer aceptó buenamente tener
como rival a un fantasma cuyas apariciones
podían controlarse a voluntad, pero no desa-
provechaba la oportunidad de reírse a costa
de usted y de mí. Recuerdo su regocijo°   *delight*
185 aquella noche fatal en que, debido a un desa-

juste° fotoeléctrico, usted habló durante diez   *malfunction*
minutos con voz inhumana, de robot casi, que
iba del falsete al bajo profundo° ... A propó-   *deep bass*
sito de° su voz, sepa usted que me puse a   *on the subject of*
190 estudiar el francés porque no podía confor-
marme con el resumen de los títulos en español, aberrantes e incoloros. Aprendí a descifrar el sonido melodioso de su voz, y con ello
vino el flagelo° de entender a fuerza mía°   *calamity / through*
195 algunas frases vulgares, la comprensión de   *my efforts*
ciertas palabras atroces que puestas en sus
labios o aplicadas a usted me resultaron into-
lerables. Deploré aquellos tiempos en que llegaban a mí, atenuadas por pudibundas° tra-   *prudish*
200 ducciones; ahora, las recibo como bofetadas.°   *slaps in the face*
     Lo más grave del caso° es que mi mujer   *worst of all*
está dando inquietantes muestras de mal
humor. Las alusiones a usted, y a su conducta
en la pantalla, son cada vez más frecuentes y
205 feroces. Últimamente° ha concentrado sus   *lately*
ataques en la ropa interior y dice que estoy
hablándole en balde° a una mujer sin fondo.°   *in vain / superficial*
Y hablando sinceramente, aquí entre noso-
tros ¿a qué viene toda esa profusión de infa-
210 mes° transparencias, ese derroche° de ínti-   *disgusting / extravagance*
mas prendas° de tenebroso acetato? Si yo lo   *clothing*
único que quiero hallar en usted es esa chis-
pita° triste y amarga que ayer había en sus   *small spark*
ojos. . . Pero volvamos a mi mujer. Hace visa-
215 jes° y la imita. Me arremeda° a mí también.   *makes faces / she*
Repite burlona° algunas de mis quejas° más   *mimics me / mockingly /*
lastimeras. "Los besos que me duelen en *Qué*   *laments*
me duras, me están ardiendo como quema-
duras".° Dondequiera que estemos se com-   *burns*
220 place en recordarla, dice que debemos afrontar este problema desde un ángulo puramente
racional, con todos los adelantos de la ciencia
y echa mano de° argumentos absurdos pero   *she makes use of*
contundentes.° Alega, nada menos, que   *overwhelming*
225 usted es irreal y que ella es una mujer con-
creta. Y a fuerza de demostrármelo° está aca-   *by proving this to me*
bando una por una con mis ilusiones. No sé
qué va a ser de mí si resulta cierto lo que aquí
se rumora, que usted va a venir a filmar una
230 película y honrará a nuestro país con su
visita. Por amor de Dios, por lo más sagrado,
quédese en su patria, señorita.

Sí, no quiero volver a verla, porque cada
vez que la música cede poco a poco y los
235 hechos se van borrando en la pantalla, yo soy
un hombre anonadado.° Me refiero a la ba-   *destroyed*
rrera mortal de esas tres letras° crueles que   *(that is, FIN)*
ponen fin a la modesta felicidad de mis
noches de amor, a dos pesos la luneta. He ido
240 desechando poco a poco el deseo de quedarme
a vivir con usted en la película y ya no muero
de pena° cuando tengo que salir del cine   *grief*
remolcado° por mi mujer que tiene la mala   *dragged*
costumbre de ponerse de pie° al primer   *standing up*
245 síntoma de que el último rollo se está aca-
bando.

    Señorita, la dejo. No le pido siquiera° un   *not even*
autógrafo, porque si llegara a enviármelo yo
sería capaz de olvidar su traición° imperdo-   *betrayal*
250 nable. Reciba esta carta como el homenaje°   *homage*
final de un espíritu arruinado y perdóneme
por haberla incluido entre mis sueños. Sí, he
soñado con usted más de una noche, y nada
tengo que envidiar a esos galanes de ocasión°   *cheap actors*
255 que cobran un sueldo° por estrecharla en sus   *make their living by*
brazos y que la seducen con palabras presta-
das.°   *borrowed*

    Créame sinceramente su servidor.°   *Sincerely yours*

    PD.°   *P.S.*

260   Olvidaba decirle que escribo tras las
rejas° de la cárcel.° Esta carta no habría lle-   *bars / jail*
gado nunca a sus manos si yo no tuviera el
temor de que el mundo le diera noticias erró-
neas acerca de mí. Porque los periódicos, que
265 siempre falsean los hechos,° están abusando   *facts*
aquí de este suceso° ridículo: "Ayer por la   *event*
noche, un desconocido, tal vez en estado de
ebriedad o perturbado de sus facultades mentales, interrumpió la proyección de *Esclavas*
270 *del deseo* en su punto más emocionante,
cuando desgarró° la pantalla del Cine Prado   *tore*
al clavar un cuchillo° en el pecho° de Fran-   *driving a knife / chest*
coise Arnoul. A pesar de la oscuridad,° tres   *darkness*
espectadoras vieron cómo el maniático corría
275 hacia la actriz con el cuchillo en alto° y se   *held high*
pusieron de pie para examinarlo de cerca y
poder reconocerlo a la hora de la consigna-
ción.° Fue fácil porque el individuo se des-   *sentencing*
plomó una vez consumado el acto".°   *collapsed as soon as*
                                                     he finished the act

280   Sé que es imposible, pero daría lo que no tengo con tal de que usted conservara para siempre en su pecho, el recuerdo de esa certera puñalada.°

well aimed thrust

celoso —

A. Comprensión

Escoja la respuesta o respuestas correctas.

1. El autor de la carta escribe que
   a. no le gusta el cine
   b. ahora no es aficionado de la actriz
   c. decide no volver a ver una película de la actriz
2. Al asistir a las películas de Francoise Arnoul, el autor de la carta
   a. estaba siempre feliz
   b. se sentía aislado de los otros espectadores
   c. sufría al ver a la actriz en brazos de su compañero estelar
3. En sus primeras películas, la actriz hacía el papel de
   a. trotacalles
   b. mujer pobre y triste
   c. mujer decente
4. A partir de las primeras películas, el autor de la carta creía que la actriz
   a. era inocente
   b. trató de engañarlo
   c. era una mujer mala
5. Según el autor de la carta, las películas de la actriz cambiaron, y ahora ella
   a. ya no sufre
   b. besa a muñecos de cartón
   c. está enamorada de su compañero estelar
6. La esposa del autor de la carta
   a. acompaña a su esposo al cine tres veces por semana
   b. cree que la actriz es espléndida
   c. se ríe de su esposo
7. La esposa muestra su mal humor
   a. al imitar las quejas de su esposo
   b. al destruir las ilusiones de su esposo
   c. al hablar del problema de su esposo
8. El autor de la carta está triste
   a. cuando las películas de la actriz se acaban
   b. porque no ha recibido un autógrafo de la actriz
   c. porque no puede estrechar a la actriz en sus brazos
9. El autor de la carta está en la cárcel porque
   a. clavó un cuchillo en la pantalla del Cine Prado
   b. mató a la actriz
   c. los periódicos publicaron noticias falsas acerca de él

El autor de la carta usa un estilo muy florido para escribir a la actriz. Explique en palabras sencillas lo que quieren decir los siguientes reproches que él le hace.

1. "Me he dado cuenta de la vileza de su engaño. Usted no es la criatura de delicias, la paloma frágil y tierna a la que yo estaba acostumbrado . . . , sino una mala mujer. . ."
2. "No le pido siquiera un autógrafo, porque si llegara a enviármelo yo sería capaz de olvidar su traición imperdonable."

B. Análisis del texto

1. Note que el cuento está escrito en la forma de una carta por un narrador protagonista que expone sus propios pensamientos e ideas. ¿Qué ventajas tiene esta forma para la caracterización del narrador? ¿Cómo limita nuestra perspectiva de la acción del cuento y de los otros personajes?
2. El narrador dice que ya no se cuenta entre los admiradores de Francoise Arnoul. ¿Qué detalles revelan que él todavía está obsesionado por la actriz?
3. Haga una lista de los adjetivos y frases que emplea el narrador para describirse. ¿Qué visión tiene él de sí mismo?
4. Según el narrador, ¿cuál es la "traición imperdonable" de la actriz?
5. Considere los comentarios del narrador sobre a) la enseñanza de buenos modales recibida de su madre; b) su vida matrimonial; y c) sus críticas de la actriz. ¿Qué revelan de su manera de ver la sexualidad?
6. ¿Por qué acude el narrador a la violencia en el Cine Prado? ¿Qué significa su acción?

C. Conversación

1. Según el narrador, ¿cuáles son las características de las "mujeres buenas" y de las "mujeres malas"? ¿En qué categorías pone a su madre, su esposa y Francoise Arnoul antes y después de su "traición"?
2. ¿Cómo trata el narrador a su esposa en la vida diaria? En la opinión de Ud., ¿trata a su esposa de acuerdo con su idealización de la "mujer buena" o no?
3. Fijándose en la formación del narrador, su personalidad y la visión del mundo implícita en las películas de Arnoul, opine a qué se deben las creencias del narrador y su violencia al final.
4. ¿Le parece a Ud. que la esposa del narrador "todo lo comprende"? ¿Cómo percibe ella la obsesión de su esposo? ¿Qué soluciones sugiere ella directa e indirectamente?

D. Temas de composición e investigación

1. La visión de la mujer expresada por el narrador de "Cine Prado".
2. La violencia contra las mujeres en las películas contemporáneas.
3. El machismo en Hispanoamérica: ¿mito o realidad?

Bibliografía breve

Acosta-Belén, Edna, ed. *The Puerto Rican Woman.* New York: Praeger, 1979.

Hahner, June E., ed. *Women in Latin American History: Their Lives and Views.* (Revised ed.) Los Angeles: Univ. of California Press, 1980.

Kinzer, Nora Scott. "Priests, Machos and Babies: Or, Latin American Women and the Manichaean Heresy." *Journal of Marriage and the Family,* 35 (1973), 300–312.

Lindsay, Beverly, ed. *Comparative Perspectives of Third World Women: The Impact of Race, Sex and Class.* New York: Praeger, 1980.

Pescatello, Ann, ed. *Female and Male in Latin America: Essays.* Pittsburgh: Univ. of Pittsburgh Press, 1973.

Sin título, *por Juan Ramón Velásquez (1950–),
Puerto Rico. Museum of Modern Art of Latin
America, Washington, D.C. Photo by Angel Hur-
tado.*

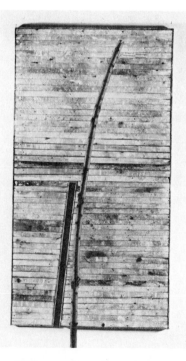

*Acecho, 1983, por Néstor Otero (1948–), Puerto
Rico Caymán Gallery of New York. Photo by Otto
Nelson.*

La tía Juliana, *1941, por Gustavo Lazarini (1918-),
Uruguay. Collection, The Museum of Modern Art,
New York. Inter-American Fund.*

Capítulo III

Diversidad cultural

La influencia de la colonización española en América tuvo en el terreno cultural un efecto destructor de lo autóctono. Así, hasta principios del siglo XX, los escritores hispanoamericanos escribían imitando el tema y estilo de sus colegas españoles o franceses y dando supremacía a lo europeo sobre lo americano. Pero a partir de los años veinte los escritores empezaron a expresar en su literatura el valor de sus tradiciones propias. El resultado fue diferente según la región o país. Por ejemplo, en México, Centroamérica y los países andinos, ha sido reiterada la evocación de imágenes y valores precolombinos; en el Caribe se han afirmado las raíces africanas de la población; y en el caso especial de Puerto Rico, muchos autores han defendido junto a lo africano, la cultura tradicional de origen español frente a la poderosa influencia de los Estados Unidos. En las obras que se presentan en este capítulo, un puertorriqueño, un cubano, y un nicaragüense reivindican la historia, la cultura y la raza de su pueblo.

7. Santa Clo va a la Cuchilla
Abelardo Díaz Alfaro

Vocabulario

Estudie las siguientes palabras que son necesarias para la comprensión del texto.

Sustantivos

el aguinaldo Christmas carol
el concurrente person in attendance, audience (pl.)
el demonio devil
el griterío shouting, uproar
la lámina picture, print
la salvajada wild action, rude behavior
el umbral threshold

Adjetivos

aprovechado / a diligent
asombrado / a amazed
caduco / a old, worn out
complacido / a pleased

Verbos

embrutecerse to become stupid
halagar to praise
tirar to pull, draw
tirarse to throw oneself

Expresiones

pasar de moda to be outdated

Ejercicios de prelectura

Para la realización de los siguientes ejercicios, es necesario conocer el vocabulario y las expresiones presentadas en la sección anterior.

A. Indique si las siguientes palabras tienen significados que son similares o diferentes. Si son diferentes, dé un sinónimo o una definición para la primera palabra de cada par.

1. el aguinaldo—la canción
2. la lámina—el dibujo
3. el concurrente—el ausente *opuestos*
4. embrutecerse—educarse *diferentes*
5. caduco—nuevo *dif.*
6. complacido—irritado *dif.*
7. halagar—criticar *dif.*
8. asombrado—sorprendido *sinónimos*
9. demonio—santo *opuestos*
10. tirar—mover *diferentes*

B. Escoja la palabra o expresión apropiada de la lista a la derecha para completar cada frase. Use la forma correcta de la palabra o expresión.

1. Cuando el policía apareció en el . . . de la puerta, el ladrón . . . por la ventana.
2. El ser estudioso nunca . . . ; un alumno . . . siempre es apreciado.
3. Al saber que el concierto se había cancelado, el . . . de los concurrentes fue tremendo.
4. De joven Gilberto cometió miles de . . . , pero ahora es un hombre respetable.

pasar de moda
umbral
griterío
salvajada
tirarse
aplicado

C. **Cualidad de un personaje dentro del texto.** El autor/a de una narración extensa (cuento o novela) planifica el desarrollo no solo de la acción, sino también de las transformaciones que sufrirán sus personajes a lo largo de la historia. El grado de evolución de un personaje es lo que lo califica de *personaje estático* o *personaje dinámico.* El estático es aquél que no cambia a pesar de los múltiples acontecimientos en que se ve envuelto. El dinámico, sin embargo, va transformándose a raíz de las aventuras que él o ella protagoniza. Los personajes estáticos son frecuentes en las narraciones cortas y en los cuentos, mientras que los dinámicos aparecen más frecuentemente en las novelas.

Complete los párrafos siguientes con una o varias frases que revelen la naturaleza estática del personaje presentado.

1. Elena es abogada de una firma de seguros. Vive plenamente dedicada a su carrera. Las paredes de su apartamento están totalmente cubiertas de libros. Un día, un viejo amigo la invita a pasar un par de semanas en su casa de campo. Elena . . .

2. A don Jaime, el dueño de la única fábrica del pueblo, le molestaba cualquier persona y en especial los niños. Un día iba en su coche por la calle principal del pueblo cuando se le cruzó el balón con el que jugaban varios chicos descalzos y mal nutridos. Don Jaime. . .

Santa Clo va a la Cuchilla
Abelardo Díaz Alfaro

El cuentista puertorriqueño Abelardo Díaz Alfaro es un gran conocedor del alma de la isla donde nació en 1920. Como trabajador social en las áreas rurales, Díaz Alfaro estuvo en contacto con los sectores de la población más apegados a la cultura tradicional de Puerto Rico.

La historia y las costumbres de Puerto Rico están ligadas a España, de quien fue una colonia durante cuatrocientos años. Su atadura a aquel país se cortó en 1898 año en que los Estados Unidos invadió la isla. Al final de la guerra entre España y los Estados Unidos la isla pasó a ser territorio de éste. Desde 1917 los puertorriqueños poseen ciudadanía norteamericana y desde 1952 la isla es un estado libre asociado. Respecto a esa situación de dependencia de los Estados Unidos hay ciertos sectores puertorriqueños que reclaman su independencia.

La convivencia de las dos culturas (hispana y norteamericana) en la isla no ha sido siempre fácil y amistosa. Los nuevos gobernadores estadounidenses trataron de imponer su lengua, sus costumbres y sus planificaciones económicas, relegando a un segundo plano la identidad nacional de Puerto Rico. La protesta constante de los educadores consiguió en 1949 que el español volviera a ser la lengua oficial en las escuelas. Sobre este conflicto cultural Abelardo Díaz Alfaro ha creado el argumento de su relato Santa Clo va a La Cuchilla *que se incluye en su libro* Terrazo *publicado en 1947.*

El rojo de una bandera tremolando° sobre una bambúa° señalaba la escuelita de Peyo Mercé. La escuelita tenía dos salones separados por un largo tabique.° En uno de 5 esos salones enseñaba ahora un nuevo maestro: Míster Johnny Rosas.

waving
bamboo pole

partition

Desde el lamentable incidente en que
Peyo Mercé lo hizo quedar mal° ante Mr.   *look bad*
Juan Gymns, el supervisor creyó prudente
10 nombrar otro maestro para el barrio La
Cuchilla que enseñara a Peyo los nuevos
métodos pedagógicos y llevara la luz del progreso al barrio en sombras.

Llamó a su oficina al joven aprovechado
15 maestro Johnny Rosas, recién graduado y
que había pasado su temporadita° en los   *stint*
Estados Unidos, y solemnemente le dijo:
"Oye, Johnny, te voy a mandar al barrio La
Cuchilla para que lleves lo último que apren-
20 diste en pedagogía. Ese Peyo no sabe ni jota°   *doesn't know the*
de eso: está como cuarenta años atrasado en   *first thing*
esa materia. Trata de cambiar las costumbres
y, sobre todo, debes enseñar mucho inglés,
mucho inglés".

25 Y un día Peyo vio repechar° en viejo y   *climbing up*
cansino caballejo° la cuesta° de la escuela al   *tired nag / hill*
nuevo maestrito. No hubo en él resenti-
miento. Sintió hasta un poco de conmisera-
ción y se dijo: "Ya la vida le irá trazando sur-
30 cos° como el arado° a la tierra".   *furrows / plow*

Y ordenó a unos jibaritos° que le   *peasant children*
quitaran los arneses al caballo y se lo echaran
a pastar.°   *put him out to pasture*

Peyo sabía que la vida aquella iba a ser
35 muy dura para el jovencito. En el campo se
pasa mal. La comida es pobre: arroz y habi-   *beans / spicy sauce / bread*
chuelas,° mojo,° avapenes,° arencas de   *fruit / sardines / codfish /*
agua,° bacalao,° sopa larga° y mucha agua   *watery soup*
para rellenar. Los caminos casi intransi-
40 tables, siempre llenos de "tanques."° Había   *pot holes*
que bañarse en la quebrada° y beber agua de   *gorge*
lluvia. Peyo Mercé tenía que hacer sus planes
a la luz oscilante de un quinqué° o de un   *oil lamp*
jacho de tabonuco.°   *torch from wood of*
    the tabonuco tree
45 Johnny Rosas se aburría cuando llegaba
la noche. Los cerros se iban poniendo negros
y fantasmales. Una que otra lucecita prendía
su guiño tenue° y amarillento en la mono-   *faint wink*
tonía sombrosa del paisaje. Los coquíes° pun-   *tree frogs*
50 zaban el corazón de la noche. Un gallo sus-
pendía su cantar lento y tremolante. A lo
lejos un perro estiraba un aullido doliente al
florecer de las estrellas.°   *when the stars came*
    out

Y Peyo Mercé se iba a jugar baraja° y
55 dominó a la tiendita de Tano.

　　Johnny Rosas le dijo un día a Peyo:
"Este barrio está muy atrasado. Tenemos
que renovarlo. Urge° traer cosas nuevas.
Sustituir lo tradicional, lo caduco. Recuerda
60 las palabras de Mr. Escalera: "Abajo la tradición. Tenemos que enseñar mucho inglés y
copiar las costumbres del pueblo americano".

　　Y Peyo, sin afanarse° mucho, goteó°
estas palabras: "Es verdad, el inglés es bueno
65 y hace falta. Pero, ¡bendito! si es que ni el
español sabemos pronunciar bien. Y con hambre el niño se embrutece. La zorra le dijo una
vez a los caracoles: 'Primero tienen ustedes
que aprender a andar para después correr'."
70 Y Johnny no entendió lo que Peyo quiso
decirle.

　　El tabacal° se animó° un poco. Se apro-
ximaban las fiestas de Navidad. Ya Peyo
había visto con simpatía° a unos de sus dis-
75 cípulos haciendo tiples y cuatros de cedro y
yagrumo.° Estas fiestas le traían recuerdos
gratos de tiempos idos. Tiempos de la reyada,
de la comparsa.[1] Entonces el tabaco se vendía
bien. Y la "arrelde"° de carne de cerdo se
80 enviaba a los vecinos en misiva de compadrazgo.° Y todavía le parecía escuchar aquel
aguinaldo:

　　　　Esta casa tiene
　　　　la puerta de acero,°
85　　　y el que vive en ella
　　　　es un caballero.

　　Caballero que ahora languidecía como un
morir de luna° sobre los bucayos.°
　　Y Johnny Rosas sacó a Peyo de su enso-
90 ñación con estas palabras: "Este año hará su
debut en La Cuchilla Santa Claus. Eso de los
Reyes° está pasando de moda. Eso ya no se
ve mucho por San Juan. Eso pertenece al
pasado. Invitaré a Mr. Rogelio Escalera para
95 la fiesta; eso le halagará mucho".

cards

it is necessary

hurrying / managed to say

tobacco field / cheered up

pleasure

string instruments of cedar and trumpetwood

archaic unit of measure

as a sign of kinship

steel

fading moonlight / bucayo trees

that Magi business

---

1. Peyo recalls former village celebrations of the Feast
   of the Epiphany (January 6) which included food,
   gifts, and a *comparsa*, a musical stroll by masked
   dancers

Peyo se rascó la cabeza, y sin apasiona-
miento respondió: "Allá tú como Juana con
sus pollos. Yo como soy jíbaro y de aquí no he
salido, eso de los Reyes lo llevo en el alma. Es
100 que nosotros los jíbaros sabemos oler las
cosas como olemos el bacalao".

Y se dio Johnny a° preparar mediante *Johnny threw himself into*
unos proyectos el camino para la "Gala Pre-
miere" de Santa Claus en La Cuchilla.
105 Johnny mostró a los discípulos una lámina en
que aparecía Santa Claus deslizándose° en un *gliding*
trineo tirado por unos renos. Y Peyo, que a la
sazón° se había detenido en el umbral de la *at that moment*
puerta que dividía los salones, a su vez° se *for his part*
110 imaginó otro cuadro: un jíbaro jincho° y viejo *swollen*
montado en una yagua° arrastrada por unos *(type of large palm leaf)*
cabros.° *goats*

Y Míster Rosas preguntó a los jibaritos:
"¿Quién es este personaje?" Y Benito, "avis-
115 pao"° y "maleto"° como él solo, le respondió: *lively / mischievous*
"Místel, ése es año viejo, colorao".²

Y Johnny Rosas se admiró de la ignoran-
cia de aquellos muchachos y a la vez se
indignó por el descuido de Peyo Mercé.
120 Llegó la noche de la Navidad. Se invitó a
los padres del barrio.

Peyo en su salón hizo una fiestecita
típica, que quedó la mar de lucida.° Unos *turned out beautifully*
jibaritos cantaban coplas° y aguinaldos con *popular songs*
125 acompañamiento de tiples y cuatros. Y para
finalizar aparecían los Reyes Magos, mientras el viejo trovador Simón versaba sobre
"Ellos van y vienen, y nosotros no." Repartió
arroz con dulce y bombones, y los muchachi-
130 tos se intercambiaron "engañitos".° *small gifts*

Y Peyo indicó a sus muchachos que ahora
pasarían al salón de Mr. Johnny Rosas, que
les tenía una sorpresa, y hasta había invitado
al supervisor Mr. Rogelio Escalera.
135 En medio del salón se veía un arbolito
artificial de Navidad. De estante a estante
colgaban unos cordones rojos. De las paredes
pendían° coronitas° de hojas verdes y en el *were hanging / wreaths*

---

2. At New Year celebrations the image of an old man
   is used. The boy thinks Santa Claus is this figure—
   año viejo—dressed in red.

centro un fruto encarnado.° En letras cubier-   *red*
140 tas de nieve se podía leer: "Merry Christmas". Todo estaba cubierto de escarcha.°   *frost*

Los compañeros miraban atónitos° todo   *astounded*
aquello que no habían visto antes. Mr. Rogelio Escalera se veía muy complacido.

145 Unos niños subieron a la improvisada
plataforma y formaron un acróstico con el
nombre de Santa Claus. Uno relató la vida de
Noel y un coro de niños entonó "Jingle
Bells", haciendo sonar unas campanitas. Y
150 los padres se miraban unos a otros asombra-
dos. Míster Rosas se ausentó un momento. Y
el supervisor Rogelio Escalera habló a los
padres y niños felicitando al barrio por tan
bella fiestecita y por tener un maestro tan
155 activo y progresista como lo era Míster
Rosas.

Y Míster Escalera requirió de los concurrentes el más profundo silencio, porque
pronto les iban a presentar a un extraño y
160 misterioso personaje. Un corito inmediatamente rompió a cantar:

Santa Claus viene ya
¡Qué lento caminar!
Tic, tac, tic, tac.

165 Y de pronto surgió° en el umbral de la   *emerged*
puerta la rojiblanca figura de Santa Claus con
un enorme saco a cuestas,° diciendo en voz   *pack on his back*
cavernosa: "Here is Santa, Merry Christmas
to you all."

170 Un grito de terror hizo estremecer° el   *shook*
salón. Unos campesinos se tiraban por las
ventanas, los niños más pequeños empezaron
a llorar y se pegaban a° las faldas de las co-   *clung to*
madres, que corrían en desbandada.° Todos   *helter skelter*
175 buscaban un medio de escape. Y Míster
Rosas corrió tras ellos, para explicarles que él
era quien se había vestido en tan extraña
forma; pero entonces aumentaba el griterío y
se hacía más agudo el pánico. Una vieja se   *crossed herself*
180 persignó y dijo: "¡Conjurao sea!° ¡Si es el   *be gone (Satan)*
mesmo demonio jablando en americano!"

El supervisor hacía inútiles esfuerzos por
detener a la gente y clamaba desaforadamente: "No corran; no sean puertorriqueños
185 batatitas. Santa Claus es un hombre humano
y bueno".

A lo lejos se escuchaba el griterío de la
gente en desbandada. Y Míster Escalera,
viendo que Peyo Mercé había permanecido
190 indiferente y hierático,° vació todo su rencor
en° él y le increpó a voz en cuello:° "Usted,
Peyo Mercé, tiene la culpa de que en pleno
siglo veinte se den° en este barrio esas salva-
jadas".

195   Y Peyo, sin inmutarse,° le contestó:
"Míster Escalera, yo no tengo la culpa de que
ese santito no esté en el santoral° puertorriqueño".

solemn

*directed all his anger
at / rebuked at the top
of his lungs / take
place*

not looking worried

*calendar of saints'
days*

A. Comprensión

Conteste las preguntas siguientes con frases cortas.

1. Describa la escuela de La Cuchilla.
2. ¿Por qué recibe Johnny Rosas el puesto de maestro en La
   Cuchilla?
3. ¿Qué prefiere Peyo Mercé enseñar a los alumnos del barrio?
   ¿Cómo justifica él su plan de estudios?
4. Contraste la fiesta de Navidad organizada por Peyo Mercé
   con la que es organizada por Johnny Rosas.
5. ¿Qué hacen los alumnos y sus padres al ver a Santa Claus?
6. ¿Qué le recuerda Peyo Mercé al supervisor Escalera después
   de escuchar sus críticas en la fiesta de Navidad?

B. Análisis del texto

1. Describa la vida diaria de los habitantes de La Cuchilla y
   comente:
   a. el aislamiento del barrio
   b. su cosecha principal, las viviendas y el nivel de tecnología
   c. la vida social, las diversiones y la comida
2. ¿Cómo se vendía el tabaco antes? ¿Y ahora? ¿Qué influencia
   tiene el cambio económico en las costumbres del barrio?
3. Considere la manera de hablar de Peyo Mercé. ¿Qué tipo de
   referencias hace en sus comentarios a Johnny Rosas? ¿Qué
   indican estas referencias sobre el origen y el carácter de
   Peyo?
4. ¿Qué revela la reacción de los jíbaros a Santa Claus de su
   opinión del progreso, tal como lo define Johnny Rosas?
5. Comente la caracterización estática de Rogelio Escalera,
   Johnny Rosas y Peyo Mercé considerando sus nombres y su
   actitud hacia los habitantes del barrio.
6. ¿Qué critica Díaz Alfaro de la influencia estadounidense en
   Puerto Rico? ¿Cómo ayuda la caracterización estática a presentar este punto de vista?

C. Conversación

1. Johnny Rosas propone educar a los estudiantes del barrio para el futuro. Prepare una lista de los conocimientos que Rosas considera esenciales para formar a puertorriqueños modernos. Según la lista, ¿qué visión del futuro de Puerto Rico tiene Rosas?
2. Si los puertorriqueños siguen el plan de Johnny, ¿cómo reaccionarán al "progreso" y a la presencia de los Estados Unidos en la isla? ¿Y si siguen el plan de Peyo?
3. Si Ud. fuera maestro/a en La Cuchilla, ¿qué filosofía de la educación de los jíbaros adoptaría: la de Johnny Rosas, la de Peyo Mercé u otra visión? Haga una lista de cursos que enseñaría de acuerdo con la visión que Ud. adoptaría.
4. Examine los programas de estudios en su propia universidad y los cursos requeridos por el departamento en que Ud. se especializa. ¿Qué visión de su futuro está implícita en estos programas? ¿Cómo corresponde a la visión del futuro que tiene Ud.?

D. Temas de composición e investigación

1. "Santa Cló va a La Cuchilla": el humor para fomentar el espíritu nacional.
2. Una educación para los adultos de mañana: un plan y una pedagogía.
3. La americanización de la cultura puertorriqueña.

Bibliografía breve

Babín, María Teresa. *The Puerto Ricans' Spirit: Their History, Life and Culture.* New York: Collier, 1971.

Johnson, Roberta Ann. *Puerto Rico: Commonwealth or Colony?* New York: Praeger, 1980.

Lewis, Gordon K. *Puerto Rico: Freedom and Power in the Caribbean.* New York: Monthly Review Press, 1963.

Maldonado-Denis, Manuel. *Puerto Rico: A Socio-Historic Interpretation.* New York: Vintage, 1972.

Morales Carrión, Arturo, ed. *Puerto Rico: A Political and Cultural History.* New York: Norton, 1983.

8. El apellido
Nicolás Guillén

Vocabulario

Estudie las siguientes palabras que son necesarias para la comprensión del texto.

Sustantivos

el abismo abyss
el alba dawn
el biznieto great-grandson
la cadena chain
la corteza bark (of a tree)
la charca pool, pond
el chorro spurt
el esclavo slave
el estrépito noise, din

la garganta throat
el hueso bone
el latigazo lashing
la piel skin
la rama branch
la raíz root
la savia sap (of a tree)
el tataranieto great-great
  grandson

Adjetivos
amargo / a bitter
asustado / a frightened

Ejercicios de prelectura

Para la realización de los ejercicios siguientes, es necesario conocer el vocabulario presentado en la sección anterior.

A. Elimine la palabra que no esté relacionada a la palabra en cursiva.

1. *árbol*   raíz, rama, abismo
2. *agua*   alba, chorro, charca
3. *esclavo*   cadena, garganta, latigazo
4. *cuerpo*   piel, huesos, corteza
5. *familia*   estrépito, tataranieto, biznieto
6. *emoción*   savia, amarga, asustada

B. El subtítulo del poema de Nicolás Guillén que se incluye en esta sección es "Elegía familiar". Escoja la definición correcta de una *elegía.*

1. Composición poética derivada de la *canzone* italiana, y generalmente de tema amoroso.
2. Composición poética popular de asunto religioso.
3. En su origen, composición fúnebre; con frecuencia una lamentación por cualquier motivo que produce tristeza en el ánimo del poeta.

C. En España el plural de *tú* es *vosotros / vosotras.* Transforme los siguientes verbos de la forma *vosotros* en que aparecen, a la forma *ustedes.* Fíjese en los ejemplos: estáis—están; visitasteis—visitaron; venid—vengan.

1. tenéis
2. conocéis
3. habéis

4. podéis
5. escondisteis
6. llamad

D. **Metáfora.** Una *metáfora* es una analogía sugerida que identifica imaginativamente a un objeto con otro. La *metáfora* atribuye al primer objeto de una expresión, una o más de las cualidades del segundo. Estas pueden ser físicas, emocionales, o imaginativas. Ejemplo: "La sangre navegable de mis venas" es una *metáfora* en la cual el primer objeto, *sangre,* es identificado con un segundo objeto, *río,* por medio de una cualidad de éste, la *navegabilidad* (o el ser navegable).

Para analizar las siguientes *metáforas,* identifique los dos objetos y la cualidad por medio de la cual se relacionan.

1. El tiempo vuela.
2. La estrella nos saluda.
3. El mar feroz ruge.

El apellido
Nicolás Guillén

Nacido en 1902 en Camagüey, Cuba, y de raza mulata, el poeta Nicolás Guillén ha recuperado la tradición y la personalidad de la cultura africana para la literatura hispanoamericana. Desde Motivos de son *(1930) hasta* Tengo *(1964) sus obras reúnen lo popular, lo lírico y lo político.*

En la historia económica de las islas del Caribe y las zonas costeras de México, Centroamérica, Venezuela, Colombia, Perú y Ecuador la esclavitud africana tuvo un papel importante. Fue precisamente la mano de obra de los esclavos negros la que permitió que los hacendados de aquellas zonas cultivaran a lo largo del siglo XIX ciertos productos que requerían un elevado número de obreros. En Cuba, por ejemplo, el cultivo de la caña de azúcar exigió la importación de tantos esclavos que en 1860 la raza negra alcanzó a ser el 44% de la población, lo cual la hacía ser casi tan numerosa como los descendientes de españoles.

Al comienzo de este siglo se empezó a forjar una identidad nacional en Cuba que enfatizó aspectos de la hasta entonces despreciada herencia africana. Este despertar cultural coincidió con las corrientes antirracionalistas de la vanguardia artística en Europa, una moda que exaltaba la supuesta espontaneidad de lo africano, comparado con la represión emocional del europeo. *En Hispanoamérica el resultado fue el florecimiento de una poesía que buscaba captar el ritmo exótico de las canciones y del habla de los negros. Al iniciar su carrera poética, Nicolás Guillén se burló de los poetas que hablaban "en negro" solo porque estaba de moda. Guillén quería no solamente captar los ritmos sino también mostrar la realidad sociopolítica de los negros, tanto en Cuba como en los demás países del hemisferio. El poema que se presenta a continuación se incluyó en el libro* La paloma de vuelo popular—Elegías *que se publicó en 1958, un año antes de la Revolución Cubana. En él, Guillén muestra su ira y su dolor por la discriminación injusta que sufre su raza y hace un llamamiento a la población negra para levantarse contra la injusticia. Este tono revolucionario no caracteriza la obra más reciente de Guillén, quien afirma que a partir de la Revolución Cubana hubo una drástica mejora en la condición socioeconómica del negro en su país.*

I

Desde la escuela
y aún antes . . . Desde el alba, cuando apenas
era una brizna° yo de sueño y llanto,°   wisp / crying
desde entonces,
5   me dijeron mi nombre. Un santo y seña°   a password
para poder hablar con las estrellas.
Tú te llamas, te llamarás. . .
Y luego me entregaron°   handed me
esto que veis escrito en mi tarjeta,°   card
10 esto que pongo al pie de mis poemas:
las trece letras
que llevo a cuestas° por la calle,   I carry on my
que siempre van conmigo a todas partes.   shoulders
¿Es mi nombre, estáis ciertos?
15 ¿Tenéis todas mis señas?°   particulars
¿Ya conocéis mi sangre navegable,
mi geografía llena de oscuros montes,
de hondos y amargos valles
que no están en los mapas?
20 ¿Acaso° visitasteis mis abismos,   by any chance
mis galerías subterráneas
con grandes piedras húmedas,
islas sobresaliendo en negras charcas
y donde un puro chorro
25 siento de antiguas aguas
caer desde mi alto corazón
con fresco y hondo estrépito
en un lugar lleno de ardientes árboles,

monos° equilibristas,   *monkeys*
30 loros° legisladores y culebras?°   *parrots / snakes*
¿Toda mi piel (debí decir)
toda mi piel viene de aquella estatua
de mármol español? ¿También mi voz de espanto,
el duro grito de mi garganta? ¿Vienen de allá
35 todos mis huesos? ¿Mis raíces y las raíces
de mis raíces y además
estas ramas oscuras movidas por los sueños
y estas flores abiertas en mi frente
y esta savia que amarga° mi corteza?   *embitters*
40 ¿Estáis seguros?
¿No hay nada más que eso que habéis escrito,
que eso que habéis sellado°   *stamped*
con un sello de cólera?°   *rage*
(¡Oh, debí haber preguntado!).

45 Y bien, ahora os° pregunto: *(a vosotros)*
¿no veis estos tambores en mis ojos?
¿No veis estos tambores tensos y golpeados
con dos lágrimas secas?
¿No tengo acaso
50 un abuelo nocturno
con una gran marca negra
(Más negra todavía que la piel)
una gran marca hecha de un latigazo?
¿No tengo pues
55 un abuelo mandinga, congo, dahomeyano?°   *(that is, from any*
¿Cómo se llama? ¡Oh, sí decídmelo!   *of several Afri-*
¿Andrés? ¿Francisco? ¿Amable?   *can tribes)*
¿Cómo decís Andrés en congo?
¿Cómo habéis dicho siempre
60 Francisco en dahomeyano?
En mandinga ¿cómo se dice Amable?
¿O no? ¿Eran, pues, otros nombres?
¡El apellido, entonces!
¿Sabéis mi otro apellido, el que me viene
65 de aquella tierra enorme, el apellido
sangriento y capturado, que pasó sobre el mar
entre cadenas, que pasó entre cadenas sobre el mar?

¡Ah, no podéis recordarlo!
Lo habéis disuelto en tinta inmemorial.
70 Lo habéis robado a un pobre negro indefenso.
Lo escondisteis, creyendo
que iba a bajar los ojos yo de la vergüenza.°   *out of shame*
¡Gracias!
¡Os lo agradezco!

75 ¡Gentiles gentes, thank you!
Merci!
Merci bien!
Merci beaucoup!
Pero no . . . ¿Podéis creerlo? No.
80 Yo estoy limpio.
Brilla mi voz como un metal recién pulido.°   *recently polished*
Mirad mi escudo:° tiene un baobad,°   *shield / (type of tree)*
tiene un rinoceronte y una lanza.
Yo soy también el nieto,
85 biznieto,
tataranieto de un esclavo.
(Que se avergüence el amo).°   *let the master be*
¿Seré° Yelofe?°   *ashamed / could I be /*
¿Nicolás Yelofe, acaso?   *(family name of*
90 ¿O Nicolás Bakongo?   *African origin)*
¿Tal vez Guillén Banguila?
¿O Kumbá?
¿Quizá Guillén Kumbá?
¿O Kongué?
95 ¿Pudiera ser Guillén Kongué?
¡Oh, quién lo sabe!
¡Qué enigma entre las aguas!

II

Siento la noche inmensa gravitar
sobre profundas bestias,
100 sobre inocentes almas castigadas;
pero también sobre voces en punta,°   *sharpened, voices*
que despojan° al cielo de sus soles,   *strip*
los más duros,
para condecorar la sangre combatiente.
105 De algún país ardiente, perforado°   *pierced*
por la gran flecha ecuatorial,°   *(that is, the equa-*
sé que vendrán lejanos primos,   *tor)*
remota angustia mía disparada en° el viento;   *shot into*
sé que vendrán pedazos de mis venas,
110 sangre remota mía,
con duro pie aplastando° las hierbas asustadas; *crushing*
sé que vendrán hombres de vidas verdes,
remota selva° mía,   *jungle*
con su dolor abierto en cruz y el pecho rojo en llamas.°   *aflame*
115 Sin conocernos nos reconoceremos en el hambre,
en la tuberculosis y en la sífilis,
en el sudor comprado en bolsa negra,°   *the black market*
en los fragmentos de cadenas

Diversidad cultural   **79**

adheridos todavía a la piel;
120 sin conocernos nos reconoceremos
en los ojos cargados de sueños°   *filled with dreams*
y hasta en los insultos como piedras
que nos escupen° cada día   *spit at us*
los cuadrumanos° de la tinta y el papel.   *apes*
125 ¿Qué ha de importar° entonces   *what will it mat-*
(¡qué ha de importar ahora!)   *ter?*
¡ay! mi pequeño nombre
de trece letras blancas?
¿Ni el mandinga, bantú,
130 yoruba, dahomeyano
nombre del triste abuelo ahogado°   *drowned*
en tinta de notario?
¿Qué importa, amigos puros?
¡Oh, sí, puros amigos,
135 venid a ver mi nombre!
Mi nombre interminable,
hecho de interminables nombres;
el nombre mío, ajeno,°   *belonging to*
libre y mío, ajeno y vuestro,   *another*
140 ajeno y libre como el aire.

A. Comprensión

Lea las frases siguientes y decida si son ciertas o falsas. Si son falsas, cambie las palabras en cursiva para hacer una afirmación correcta.

1. El nombre que lleva el poeta en su tarjeta *indica que sus abuelos eran de África.*
2. El poeta *sabe concretamente* de dónde y de qué tribu eran sus antepasados.
3. *Se avergüenza* el poeta de ser el descendiente de un esclavo.
4. El poeta *les agradece la sensibilidad* a los que cambiaron los nombres de los esclavos.
5. Según el poeta, los negros *seguirán en la pobreza y la angustia.*
6. En el futuro el poeta tendrá un nombre que *refleje los nombres y las experiencias de todos los negros del mundo.*

B. Análisis del texto

1. En la primera parte del poema, el poeta se transforma poéticamente más allá de los límites de su nombre usando imágenes y metáforas. ¿En qué se convierte en la primera estrofa, en los versos 15 a 30? ¿Por qué son estas imágenes particularmente aptas para describir al hombre negro?

2. Compare lo que dice el poeta de sus antepasados españoles con la manera en que describe a sus abuelos africanos. Según las imágenes empleadas, ¿qué heredó el poeta de ambos grupos?
3. ¿Por qué emplea Guillén la forma de vosotros en el poema?
4. ¿A quiénes se dirige el poeta en la primera parte del poema? ¿Qué han hecho estas personas?
5. ¿Con qué tono les habla el poeta a las "gentiles gentes" (verso 75)? Justifique su respuesta con ejemplos del texto.
6. ¿Qué cambio de tono se nota en la segunda parte del poema? ¿Por qué?
7. Según el poema, ¿qué tienen en común los negros del mundo?
8. ¿Cuál es la visión que el poeta ofrece del futuro de los negros?
9. ¿Por qué se da cuenta el poeta en la segunda parte del poema que su nombre de trece letras no es importante?

C. Conversación

1. En su país, ¿qué grupos creen que la afirmación étnica es especialmente importante? ¿Por qué y para qué toman esta actitud? ¿Qué impacto ha tenido esta afirmación en la sociedad?
2. ¿Tiene Ud. algún pariente o amigo/a que haya venido del extranjero a vivir en su país? Relate algunos de los cambios que fueron necesarios para la adaptación de esa persona a su nueva sociedad. Considere la lengua, las costumbres, la alimentación y el clima.
3. Enumere los grupos étnicos que inmigran en la actualidad a su país. ¿Cuáles son los problemas específicos con los que se enfrenta cada grupo? Piense en grupos asiáticos, europeos, hispánicos y africanos.
4. ¿Qué diferencia hay entre la adaptación de un grupo de inmigrantes a su nuevo país y la asimilación de este grupo en la sociedad del país? Explique su respuesta con ejemplos.

D. Temas de composición e investigación

1. "Mi apellido": un análisis de las metáforas.
2. La búsqueda de una identidad étnica-racial como fenómeno histórico-cultural.
3. El racismo en Hispanoamérica: ¿cuestión del pasado o problema actual?

Bibliografía breve
Carvalho-Neto, Paulo de. "Folklore of the Black Struggle in Latin America." *Latin American Perspectives,* 17 (1978), 53–88.

Knight, Franklin W. *Slave Society in Cuba During the Nineteenth Century.* Madison: Univ. of Wisconsin Press, 1970.

Márquez, Roberto. "Racism, Culture and Revolution: Ideology and Politics in the Prose of Nicolás Guillén." *Latin American Research Review,* 17 (1982), 43–68.

Molner, Magnus. *Race and Class in Latin America.* New York: Columbia Univ. Press, 1970.

Pescatello, Ann, ed. *The African in Latin America.* New York: Knopf, 1975.

9. Economía de Tahuantinsuyu
Ernesto Cardenal

Vocabulario

Estudie las siguientes palabras que son necesarias para la comprensión del texto.

Sustantivos

el arado plow
el atavío adornment
la bolsa, el mercado de valores
    stock market
la carretera highway
el cascabel small bell
el desocupado unemployed man
el hilo thread
el impuesto tax
el latifundio large, private estate
el mendigo beggar
la moneda coin
el ocioso idle man
el surco furrow
el tejido woven fabric

Verbos

enajenar to transfer, take away
fulgurar to flash, sparkle
saquear to loot

Adverbios

mudamente silently, mutely

Ejercicios de prelectura

Para la realización de los siguientes ejercicios, es necesario conocer el vocabulario presentado en la sección anterior.

A. Escoja la palabra apropiada de la lista a la derecha para completar cada frase. Use la forma correcta de la palabra.

1. Las . . . que circulan son de bronce y otros metales.
2. Los financistas de la . . . de Nueva York manipulan millones de dólares todos los días.
3. Por lo general un . . . no tiene que pagar . . . al gobierno.
4. Este . . . está hecho de . . . de varios colores, y tiene un diseño precioso.
5. En las tierras de aquel . . . los peones usan . . . para hacer . . . a la tierra.
6. Los amantes contemplaban . . . las estrellas que . . . en el cielo.

arado
bolsa
desocupado
hilo
impuesto
latifundio
moneda
surco
tejido
fulgurar
mudamente

B. Elimine la palabra que no esté relacionada con la palabra en cursiva.

1. *la calle*   la carretera, el cascabel, la avenida
2. *el desocupado*   el mendigo, el ocioso, el atavío
3. *enajenar*   transferir, saquear, dar

C. El contraste como elemento estructural en la obra literaria. Muchos escritores eligen marcar el contraste entre dos estructuras de su obra. Pueden ser estructuras temporales como el pasado y el presente, o sociales como clases económicamente fuertes y débiles. En la obra de Ernesto Cardenal que aparece en esta sección, es frecuente la comparación entre un pasado idealizado y un presente menos afortunado. Para crear esa estructura el poeta recurre a varias técnicas de contraste, entre ellas, diferentes tiempos verbales, una variedad de adverbios de tiempo, y cambios en la letra de imprenta.

Estudie las frases siguientes en las que se implica un tipo de contraste temporal. Complete cada frase con una idea que marque el contraste implícito. Ejemplo: El agua ya no canta *como antes cantaba.*

1. Antes las puertas se dejaban abiertas. . .
2. No hubo ni corrupción ni robo. . .
3. Entonces se comía dos veces al día. . .
4. Últimamente ya no se ven esos vestidos elegantes de otros tiempos. . .

Economía de Tahuantinsuyu
Ernesto Cardenal

Sacerdote que actualmente ocupa un alto puesto en el gobierno san-dinista de Nicaragua, Ernesto Cardenal (1925) es autor de numerosos libros de poesía. Sus obras más conocidas incluyen Hora O. Epigra-mas *(1961),* Oración por Marilyn Monroe y otros poemas *(1965),* Homenaje a los indios americanos *(1969) y* El estrecho dudoso *(1982).*

El aislamiento y la pobreza del indio que vive hoy día al margen de las grandes ciudades hispanoamericanas, es una realidad que Ernesto Cardenal califica de trágica y de la que hace responsable pri-mero, a la colonización española y después, al espíritu capitalista que aún está vigente en la región.

En su poema Economía de Tahuantinsuyu, *Cardenal contrasta la vida actual del indio andino con la de sus antepasados incas. Tahuan-tinsuyu, o el Imperio Inca, fue fundado en el siglo XII por una tribu de habla quechua. En su momento de máximo esplendor se extendía desde lo que actualmente es el sur de Colombia hasta las regiones nor-teñas de Chile y Argentina. El imperio tenía más de diez millones de súbditos y se dividía en tres clases sociales: los nobles, la gente común y los siervos. El "ayllu" o comunidad de familias era la base de la organización social del Imperio e imponía una ley estricta de trabajo para todos los súbditos. La economía de Tahuantinsuyu estaba basada principalmente en la agricultura con el cultivo del maíz, las papas, la coca y el algodón. Su red de comunicaciones contaba con carreteras que hacían accesible el contacto con cualquier rincón del Imperio. Los Incas adoraban al sol, la luna, los fenómenos naturales y los muertos. Su arquitectura debió ser espectacular, y aún hoy sus ruinas en Cuzco y Machu Picchu, atraen a miles de turistas anualmente.*

No tuvieron dinero
    el oro era para hacer la lagartija°   *(that is,*
y NO MONEDAS   *lizard-shaped*
    los atavíos   *objects)*
5   que fulguraban como fuego
    a la luz del sol o las hogueras°   *bonfires*
las imágenes de los dioses
        y las mujeres que amaron
y no monedas
10   Millares de fraguas° brillando en la noche de los Andes   *forges*
y con abundancia de oro y plata
          no tuvieron dinero
supieron
        vaciar° laminar soldar grabar°   *mold / etch*
15 el oro y la plata

el oro: el sudor° del sol   *sweat*
     la plata: las lágrimas de la luna
  Hilos cuentas° filigranas   *beads*
     alfileres°   *pins*
20   pectorales
      cascabeles
pero no DINERO
  y porque no hubo dinero
    no hubo prostitución ni robo
25   las puertas de las casas las dejaban abiertas
ni Corrupción Administrativa ni desfalcos°   *embezzlement*
    —cada 2 años
     daban cuenta de sus actos en el Cuzco°   *(capital of the Inca*
porque no hubo comercio ni moneda   *Empire)*
30   no hubo
la venta de indios
      Nunca se vendió ningún indio
Y hubo chicha° para todos.   *(type of alcoholic*
                         beverage)

35 No conocieron el valor inflatorio del dinero
su moneda era el Sol que brilla para todos
el Sol que es de todos y a todo hace crecer
el Sol sin inflación ni deflación: Y no
esos sucios "soles"° con que se paga al peón   *(Peruvian unit of*
(que por un sol peruano te mostrará sus ruinas)   *exchange)*
40 Y se comía 2 veces al día en todo el Imperio

      Y no fueron los financistas
      los creadores de sus mitos

Después fue saqueado el oro de los templos del Sol
y puesto a circular en lingotes
45   con las iniciales de Pizarro.[1]
La moneda trajo los impuestos
y con la Colonia° aparecieron los primeros mendigos   *(Spanish colonial*
                         rule, 1535-1821)

El agua ya no canta en los canales de piedra
las carreteras están rotas
50 las tierras secas como momias
       como momias
de muchachas alegres que danzaron
en *Airiway* (Abril)
      el mes de la Danza del Maíz Tierno°   *tender, young*
55 ahora secas y en cuclillas° en Museos.   *squatting*

---

1. Francisco Pizarro, 1475?-1541, Spanish conqueror
of Peru.

Manco Capac!°　　　　　　　　　　　　　　　　*(legendary founder*
　　　　Rico en virtudes y no en dinero　　　*of the Inca Empire,*
(Mancjo: "virtud", Capacj: "rico")　　　　*12th c. A.D.)*
"Hombre rico en virtudes"
60　Un sistema económico sin MONEDA
la sociedad sin dinero que soñamos
Apreciaban el oro pero era
como apreciaban también la piedra rosa o el pasto°　*grass*
y lo ofrecieron de comida
65　　　　　　　　　como pasto
　　　a los caballos de los conquistadores
viéndolos mascar° metal (los frenos)°　　　　*chew / bits*
　　　con sus espumosas° bocas　　　　　　*frothing*
No tuvieron dinero
70　y nadie se moría de hambre en todo el Imperio
y la tintura de sus ponchos ha durado 1.000 años
aun las princesas hilaban en sus husos°　　*spindles*
los ciegos° eran empleados en desgranar° el maíz　*blind / husk*
los niños en cazar pájaros
75　MANTENER LOS INDIOS OCUPADOS
　　　　　　　era un slogan inca
trabajaban los cojos° los mancos° los ancianos　*lame / maimed*
　　　no había ociosos ni desocupados
se daba de comer al que no podía trabajar
80　y el Inca° trabajaba pintando y dibujando　*(that is, the Inca*
A la caída del Imperio　　　　　　　　*king)*
　　　el indio se sentó en cuclillas
como un montón de cenizas°　　　　　　*ashes*
y no ha hecho nada sino pensar. . .
85　　　　　indiferente a los rascacielos°　*skyscrapers*
　　　a la Alianza para el Progreso[1]
　　　　¿Pensar? Quién sabe
El constructor de Machu Picchu°　　　　*(sacred Inca city)*
en casa de cartón
90　　　y latas° de Avena Quaker　　　　*cans*

El tallador° de esmeraldas hambriento y hediondo°　*cutter / stinking*
　　　(el turista toma su foto)
Solitarios como cactus
silenciosos como el paisaje—al fondo—de los Andes
95　　　　　Son cenizas
　　　son cenizas
que avienta el viento de los Andes

---

1. Financial aid program for Latin America begun by
   U.S. in 1961.

100 Y la llama llorosa cargada de leña°	*loaded with firewood*
mira mudamente al turista	
pegada a sus amos°	*masters*

No tuvieron dinero
        Nunca se vendió a nadie
105 Y no explotaron a los mineros
    PROHIBIDA

la extracción del mercurio de movimientos de culebra°	*snake*
(que daba temblores a los indios)	
Prohibida la pesca de perlas	
110 Y el ejército no era odiado° por el pueblo	*hated*
La función del Estado	
era dar de comer al pueblo	
La tierra del que° la trabajaba	*(that is, era del que)*
y no del latifundista	
115 Y las Pléyades° custodiaban los maizales	*(that is, the stars)*
Hubo tierra para todos	
El agua y el guano° gratis	*fertilizer*
(no hubo monopolio de guano)[1]	
Banquetes obligatorios para el pueblo	
120 Y cuando empezaban las labores del año	
con cantos y chicha se distribuían las tierras	
y al son del tambor de piel de tapir	
al son de la flauta de hueso de jaguar	
el Inca abría el primer surco con su arado de oro	
125 Aun las momias se llevaban su saquito de granos°	*pouch of gold nuggets*
para el viaje del más allá°	*the after-life*

Hubo protección para los animales domésticos	
legislación para las llamas y vicuñas	
aun los animales de la selva° tenían su código	*jungle*
130 (que ahora no lo tienen los Hijos del Sol°)	*(that is, the descendants of the Incas)*

De la Plaza de la Alegría en el Cuzco	
(el centro del mundo)	
partían las 4 calzadas°	*highways*
hacia las 4 regiones en que se dividía el Imperio	
135 "Los Cuatro Horizontes"	
TAHUANTINSUYU	
Y los puentes colgantes°	*hanging bridges*

---

1. In 1840 the *guano* which had accumulated upon the
uninhabited offshore islands of Peru was declared a
national monopoly, and the federal treasury grew
from sales of the nitrogen-rich fertilizer to Europe.
The Incas had always used the *guano* to nourish
Indian lands.

                    sobre ríos rugientes°   *roaring*
                              carreteras empedradas°   *of stone*
140 caminitos serpenteantes° en los montes   *winding*
     todo confluía
          a la Plaza de la Alegría en el Cuzco
          el centro del mundo

     El heredero del trono
145   sucedía a su padre en el trono
               MAS NO EN LOS BIENES°   *goods, wealth*
     ¿Un comunismo agrario?
     Un comunismo agrario
          "EL IMPERIO SOCIALISTA DE LOS INCAS"
150 Neruda:° no hubo libertad   *(Pablo Neruda,*
               sino seguridad social   *1904–1973,*
     Y no todo fue perfecto en el "Paraíso Incaico"   *renowned*
     Censuraron la historia contada por nudos°   *Chilean poet)*
     Moteles gratis en las carreteras   *(refers to Incan*
155   sin libertad de viajar   *record keeping*
     ¿Y las purgas de Atahualpa?°   *involving knots*
                         ¿El grito del exilado   *in ropes)*
     en la selva amazónica?   *(Inca monarch,*
                    El Inca era dios   *1500–1533)*
160   era Stalin
          (Ninguna oposición tolerada)
     Los cantores sólo cantaron la historia oficial
     Amaru Tupac° fue borrado de la lista de reyes   *(Inca heir*
                                                                  banished in 1544
     Pero sus mitos   *by his rival*
165   no de economistas!   *Titu Cusi*
     La verdad religiosa   *Yupanqui)*
               y la verdad política
     eran para el pueblo una misma verdad
     Una economía *con* religión
170   las tierras del Inca eran aradas por último°   *last of all*
     primero las del Sol (las del culto)
     después las de viudas° y huérfanos°   *widows / orphans*
     después las del pueblo
               y las tierras del Inca aradas por último

175 Un Imperio de *ayllus*°   *family communes*
                    ayllus de familias trabajadores
     animales vegetales minerales
               también divididos en *ayllus*
     el universo entero todo un gran *Ayllu*
180 (y hoy en vez del *ayllu*: los latifundios)
     No se podía enajenar la tierra
     Llacta mama (la tierra) era de todos
          Madre de todos

Las cosechas° eran hechas con cánticos° y chicha   *harvests / chants*
185 hoy hay pánico en la Bolsa por las buenas cosechas
    —el Espectro de la Abundancia—
    AP,° NUEVA YORK,   *(Associated Press)*
        (en la larga tira° de papel amarillo)   *strip*
    AZUCAR MUNDIAL PARA ENTREGAS° FUTURAS BAJO   *earnings*
190   HOY
    LAS VENTAS FUERON INFLUIDAS POR LA BAJA DE
      PRECIOS
    EN EL MERCADO EXPORTADOR Y POR LAS PREDIC-
      CIONES DE QUE
195 LA PRODUCCION MUNDIAL ALCANZARA° UNA CIFRA   *will reach*
      SIN PRECEDENTES
    como estremece° también a la Bolsa   *makes shudder*
        el Fantasma de la Paz
    tiembla el teletipo
200 EL MERCADO DE VALORES SUFRIO HOY SU BAJA MAS
      PRONUNCIADA
    U.S. STEEL 3.1 A 322.5, BASE METALS 42 A 70.98 MC1038
      AES
          (en la larga tira amarilla)

205 Ahora
    la cerámica está desteñida° y triste   *faded*
    el carmín del achiote°   *(type of red dye)*
        ya no ríe en los tejidos
    el tejido se ha hecho pobre
210   ha perdido estilo
      menos hilos de trama por pulgada°   *threads per inch*
      y ya no se hila el "hilo perfecto"
    Llacta mama (la Tierra) es de los terratenientes°   *landlords*
    está presa° en el Banco la mariposa° de oro   *imprisoned / butterfly*
215 el dictador es rico en dinero y no en virtudes
      y qué melancólica
      qué melancólica la música de los yaravíes°   *(type of Andean*
    A los reinos irreales de la coca°   *song)*
      o la chicha   *coca leaves (narcotic)*
220   confinado ahora el Imperio Inca
      (sólo entonces son libres y alegres
        y hablan fuerte
    y existen otra vez en el Imperio Inca)

    En la Puna°   *mountain plateau*
225   una flauta triste
            una
    tenue flauta como un rayo de luna
        y el quejido de una quena°   *(type of reed flute)*
    con un canto quechua. . .

Chuapi punchapi tutayaca
       ("anocheció en mitad del día")
       pasa un pastor° con su rebaño de llamas   *herdsman*
    y tintinean° las campanitas   *tinkle*
       entre las peñas°   *rocks*
235   que antaño° fueron   *long ago*
       muro pulido°   *polished wall*

¿Volverá algún día Manco Capac con su arado de oro?
¿Y el indio hablará otra vez?
¿Se podrá
240   reconstruir con estos tiestos°   *broken pieces of*
                la luminosa vasija?°   *earthenware*
    ¿Trabar° otra vez   *vessel*
             en un largo muro   *join together*
                los monolitos
245 que ni un cuchillo quepa en las junturas?[1]
    Que ni un cuchillo quepa en las junturas
    ¿Restablecer las carreteras rotas
          de Sudamérica
    hacia los Cuatro Horizontes
250   con sus antiguos correos?
    ¿Y el universo del indio volverá a ser un *Ayllu*?

    El viaje era al más allá y no al Museo
       pero en la vitrina° del Museo   *showcase*
    la momia aún aprieta° en su mano seca   *holds tightly*
255   su saquito de granos.

A. Comprensión

Contraste la visión que ofrece Cardenal del Perú de hoy y de
Tahuantinsuyu completando las frases a la derecha.

	ANTES	*DESPUÉS*
1.	El oro se usaba como elemento decorativo.	El oro . . . .
2.	La tierra pertenecía al que la trabajaba.	La tierra . . . .
3.	Los mitos eran creados por la religión y el Estado.	Los mitos . . . .
4.	Las construcciones de los indios eran sólidas y fuertes.	Las casas . . . .
5.	Los tejidos duraban 1.000 años.	Los tejidos . . . .
6.	La chicha se bebía para hacer las cosechas.	La chicha . . . .

---

1. The Incas built monuments and structures of
   massive stone blocks so perfectly fit together that it
   is impossible to slip even a knife between them.

Empareje las palabras con su definición.

_____ Ayllu
_____ Manco Capac
_____ Cuzco
_____ Yaravíes
_____ Machu Picchu

1. Uno de los "Cuatro Horizontes" del Imperio
2. Conjunto de familias que trabajaban juntas
3. Puentes colgantes
4. El centro del mundo incaico
5. Canciones tristes
6. La montaña más alta de los Andes
7. Ciudad sagrada
8. Fundador de Tahuantinsuyu

B. Análisis del texto

1. ¿Cómo describe Cardenal el esplendor del Imperio inca? Escoja las palabras que se refieren a la luz y al calor.
2. Explique cómo favorecía a los indios la economía de Tahuantinsuyu. ¿Cómo fomentó la economía el engrandecimiento de la civilización incaica?
3. Según el poeta, ¿qué males trajeron los conquistadores españoles? ¿Cómo se han desarrollado estos males en tiempos modernos? Considere el oro, el uso de la tierra y la creación de artículos de belleza.
4. ¿Por qué incluye Cardenal en la obra citas del teletipo de la Bolsa de Nueva York? ¿Qué sugiere acerca de la economía de la región andina?
5. ¿Qué imágenes emplea Cardenal para captar la pobreza y la desmoralización de los indios de hoy día? ¿Cuáles son las imágenes que se refieren a la falta de vida y actividad?
6. ¿Qué esperanza ve Cardenal para el futuro de los indios? Considere en particular los últimos versos del poema.
7. ¿Qué admira Cardenal del Imperio inca? ¿Qué idealiza? ¿En qué sentido representa el poema la visión de Cardenal para el futuro de toda Hispanoamérica?

C. Conversación

1. Basándose en el poema, describa las condiciones de los indios en la sociedad peruana hoy día. Fíjese en su posición económica, su trabajo y su papel en la modernización del país.
2. ¿Por qué estaría indiferente el "constructor de Machu Picchu" a los rascacielos de las ciudades modernas?
3. ¿A qué atribuye Ud. la pasividad melancólica de los indios descritos en el poema frente a su situación? ¿Qué podría hacer el indio para reclamar su importancia de antaño?
4. ¿Hay grupos étnicos que estén marginados del poder económico y político en el país de Ud.? Si los hay, ¿qué características tienen en común con los indios del poema? Si no los hay, ¿a qué razón atribuye Ud. este logro?

D. Temas de composición e investigación

1. "La economía de Tahuantinsuyu" como poema político.
2. Los indios y su posición en la sociedad americana.
3. El proceso histórico de la marginalización del indio andino.

Bibliografía breve

Brundage, Burr Cartwright. *The Lords of Cuzco: A History and Description of the Inca People in Their Final Days.* Norman: Univ. of Oklahoma Press, 1967.

Handelman, Howard. *Struggle in the Andes: Peasant Political Participation in Peru.* Austin: Univ. of Texas Press, 1974.

Hemming, John. *The Conquest of the Incas.* New York: Harcourt, Brace and Jovanovich, 1970.

Mariátegui, José Carlos. *Seven Interpretive Essays on Peruvian Reality.* Trans. Marjory Urquidi. Austin: Univ. of Texas Press, 1971.

Tullis, F. L. *Lord and Peasant in Peru: A Paradigm of Political and Social Change.* Cambridge: Harvard Univ. Press, 1970.

Sueño *por Juan Cañas López (1934) Cuenca, España. Por cortesía del autor y de Novart, Madrid.*

Jacques Lipchitz (Retrato de un joven), *1914, por Diego Rivera (1886–1957), México. Collection, The Museum of Modern Art, New York.*

El cubo y la perspectiva, *1935, por Roberto Berde-
cio (1910–), Bolivia. Collection , The Museum of
Modern Art, New York.*

El puerto, *1942, por Joaquín Torres García
(1874–1949), Uruguay. Collection, The Museum of
Modern Art, New York. Inter-American Fund.*

Capítulo IV
Derechos humanos

Es difícil generalizar sobre la violencia política que asola a ciertos países hispanoamericanos desde hace varios años. Aunque los países en cuestión conservan el lenguaje de la democracia en sus constituciones y leyes, existen ciertos factores tales como la falta de un gobierno representativo de todos los ciudadanos, la desigualdad social y las frecuentes crisis económicas que polarizan y enfrentan a la población. Como resultado, los gobiernos son autoritarios y represivos, y en muchos casos están controlados por militares. La oposición busca en estas circunstancias efectuar un cambio mediante la protesta, actos de terrorismo o, incluso la guerra. En este capítulo se presentan tres selecciones—un poema, un cuento y un capítulo de una autobiografía—que ilustran el dolor experimentado por personas y personajes, atrapados en sociedades de extrema violencia.

11 Sept. 1963

---

10. Identidad
Ariel Dorfman

Vocabulario

Estudie las siguientes palabras que son necesarias para la comprensión del texto.

Verbos

acercarse to get close
atreverse to dare
enterrar to bury
firmar to sign

Expresiones

a la orilla de at the edge of
dar vuelta a to turn around or
  over
de luto in mourning
no tener cuidado not to worry

Ejercicios de prelectura

Para la realización de los ejercicios siguientes, es necesario conocer el vocabulario y las expresiones presentadas en la sección anterior.

A. Complete la siguiente noticia periodística con frases que usen las palabras y expresiones de la lista a la derecha de la página.

> Esta mañana fueron enterrados en el cementerio militar las víctimas del atentado terrorista cometido en el aeropuerto ayer por la noche. Los familiares, vestidos de rigoroso luto, se reunieron frente al Ministerio de Justicia para solicitar mayor control sobre estos hechos. Algunos. . . *se atrevieron al Ministerio a improvar la seguridad en el país. El Ministerio dice no ten*

acercarse
atreverse
firmar
no tener cuidado

B. Complete con una frase el diálogo siguiente.

Tomás   Me encanta esa música.
Marta   ¿Por qué no seguimos bailando?
Tomás   Buena idea. Dale vuelta al disco.

C. Transforme al inglés los siguientes mandatos indirectos y observe las distintas estructuras en ambas lenguas.

1. Que hable Francisco con el capitán.
2. Que nadie se acerque.
3. Que firme ella la carta.
   . . .

D. **La sintaxis.** El orden de las palabras de una oración varía según el énfasis que se le quiera dar a los distintos aspectos de la frase. Es normal colocar en primer lugar la palabra o palabras que sirven de sujeto, para así destacarlas: *Eleonora invita a sus amigos.* Cuando se quiere destacar aún más al sujeto, es posible trasladarlo hacia el final de la oración: *A sus amigos los invita Eleonora.*

Reordene las frases siguientes dando énfasis a las palabras en cursiva.

1. *Yo misma* quiero hacerlo.
2. *Los directores* firmarán el contrato.
3. *Tú* no debes atreverte.

Identidad
Ariel Dorfman

Conocido investigador de la cultura de masas, el escritor exiliado Ariel Dorfman (1942) ha publicado poesía, cuentos y novelas que analizan la represión política en Chile. Algunas de sus obras son Para leer al Pato

Donald *(1971)*, Cría ojos *(1979)*, Pruebas al canto *(1980)* y La última canción de Manuel Sendero *(1982)*.

A lo largo de los siglos XIX y XX Chile gozó de un período cons-titucional y de cierta prosperidad económica gracias a la exportación del cobre, a pesar de que la mayoría de las minas pertenecía a com-pañías extranjeras. Sin embargo, la división de la riqueza no era pro-porcional, existiendo grandes diferencias entre las clases altas y las obreras. En 1970, el voto llevó a la presidencia a Salvador Allende, viejo senador socialista, que prometió la nacionalización de las com-pañías mineras y el reparto más justo del poder. El llamado "experi-mento socialista" no duró largo tiempo ya que en 1973 un golpe mili-tar contrarrevolucionario puso fin no sólo al gobierno de Allende sino a las instituciones democráticas del país. Bajo el mando del general Augusto Pinochet, las fuerzas armadas tomaron control del país, aplastando a toda la oposición. Unos 80.000 exiliados y un número elevado de "desaparecidos" fue el balance del golpe militar.

En el poema Identidad, *una mujer recibe la noticia de que ha aparecido en el río otro cadáver, uno de los muchos chilenos que, tras su arresto por las fuerzas de seguridad, desaparecieron para siempre.*

qué me dices, que encontraron otro?
que en el río, que no te oigo, esta mañana dices,
flotando otro más?
que habla fuerte; así que no te atreviste,
5 tan irreconocible° está?   unrecognizable
que la policía ha dicho que ni su madre podría
　　　　　　que ni la madre que lo parió°   who bore him
　　　　　　que ni ella podría,
eso han dicho?
10 que otras mujeres ya lo examinaron, no te entiendo,
que lo dieron vuelta y le vieron la cara, las manos
　　　　　　le vieron,
　　　eso,
que esperan todas juntas y silenciosas
15 todas de luto
a la orilla del río,
que ya lo sacaron del agua,
que está sin ropa
　　　　　como el día en que nació,
20 que hay un capitán de la policía,
que no se moverán hasta que llegue yo?
que no es de nadie?°   he belongs to no
eso dices, que no es de nadie?   one
　　　diles que me estoy vistiendo,
25 　　　　　que ya voy°   I'm coming right
　　　　　si el capitán es el mismo de   away
　　　　　　la otra vez

<pre>
        ya sabe
          lo que va a pasar,
30   que le pongan° mi nombre   have them give him
          el de mi hijo mi esposo
            mi papá
        yo firmaré los papeles diles
          diles que vengo en camino,° que   I'm on my way
35   me esperen
        y que aquel capitán no lo toque,
        que no se le acérque un paso° más   step
            aquel capitán.
        diles que no tengan cuidado
40 a mis muertos los entierro yo.
</pre>

A. Comprensión

Conteste las preguntas siguientes con frases cortas.

1. ¿Qué han encontrado a las orillas del río?
2. ¿Por qué no lo identifican?
3. ¿Qué hacen las mujeres para protegerlo?
4. ¿Por qué manda la mujer que los policías no se acerquen al muerto?
5. ¿Qué piensa hacer la mujer con el muerto?

B. Análisis del texto

1. En el poema se oye la voz de una mujer que dialoga pero no se incluye la voz de la persona con quien habla. ¿Qué sugieren los comentarios de la mujer que dialoga sobre la relación entre ella y su interlocutor/a? ¿Qué indican los comentarios sobre las reacciones emocionales de las dos personas?
2. Relea la escena a la orilla del río y describe la apariencia de las mujeres allí. ¿Qué están haciendo?
3. ¿Qué evidencia hay en el poema de que éste no es un incidente aislado?
4. Si el cuerpo no es "de nadie", ¿por qué manda la narradora que le pongan el nombre de su hijo o de su esposo o de su padre? ¿En qué sentido es suyo el muerto?
5. Comente las técnicas utilizadas por Dorfman para crear un sentido de acción dramática en el poema.

C. Conversación

1. ¿Cómo muestran las mujeres sumisión u obediencia a la policía? ¿Cómo desafían ellas el poder de la policía?
2. En la opinión de Ud., ¿qué quieren hacer estas mujeres con su resistencia pasiva a la policía?
3. ¿Sabe Ud. de otros grupos que emplean (o emplearon) esta forma de protesta? ¿Cuáles son (o fueron) sus metas?

D. Temas de composición e investigación

1. "Identidad": análisis de la técnica de sugerir sin expresar abiertamente el conflicto central.
2. La resistencia pasiva: ¿método eficaz o ineficaz de cambiar la sociedad?
3. El golpe militar en Chile en 1973.

Bibliografía breve

Chile: Torture and Other Human Rights Violations: 1981 and 1982. London / Washington D.C.: Amnesty International Publications, 1983.

de Vylder, Stefan. *Allende's Chile: The Political Economy of the Rise and Fall of the Unidad Popular.* London: Cambridge Univ. Press, 1976.

Hauser, Thomas. *Missing* (former title: *The Execution of Charles Horman: An American Sacrifice*). New York: Avon, 1982.

Medhurst, Kenneth, ed. *Allende's Chile.* New York: St. Martin's Press, 1972.

Sigmund, Paul E. *The Overthrow of Allende and the Politics of Chile 1964-1976.* Pittsburgh: Univ. of Pittsburgh Press, 1977.

11. Preso sin nombre, celda sin número
Jacobo Timerman

Vocabulario

Estudie las siguientes palabras que son necesarias para la comprensión del texto.

Sustantivos

la abertura opening
el agujero hole
la barbilla chin
la celda cell
el colchón mattress
la congoja anguish
la frente forehead
la mejilla cheek
la mirilla peep-hole
el pozo well; hole
el preso prisoner
la rendija crack
el sobresalto shock
la soledad loneliness
el techo ceiling, roof

Verbos

arriesgar to risk
humedecerse to dampen; to get wet
parpadear to blink
vendar to blindfold

Adjetivos

angosto/a narrow
estrecho/a narrow
empapado/a soaked
enceguecido/a blinded
mojado/a wet

Ejercicios de prelectura

Para la realización de los ejercicios siguientes, es necesario conocer el vocabulario presentado en la sección anterior.

A. Elimine la palabra que no esté relacionada a la palabra en cursiva.

1. *ojos*   parpadear, vendar, vender
2. *agua*   mojado, angosto, empapado
3. *cara*   frente, mejilla, mirilla
4. *celda*   angosta, espaciosa, estrecha

B. Emplee las palabras que siguen en frases originales.

1. humedecer
2. arriesgar
3. el preso
4. la soledad
5. el colchón
6. enceguecido

C. Explique la diferencia entre las palabras en cada par.

1. el pozo—el agujero
2. la barbilla—la frente
3. la celda—la prisión
4. la congoja—la tristeza
5. empapado/a—mojado/a
6. la rendija—la abertura
7. el techo—el piso
8. el sobresalto—la sorpresa

D. **Comunicación de una experiencia.** Para comunicar una experiencia de forma vital, el autor puede usar un narrador/a que describa sensaciones físicas, estados mentales o de ánimo, así como una presentación detallada del lugar, el tiempo y el ambiente en que se encuentran los protagonistas. Todos estos detalles acercan al lector/a a la obra.

Lea las siguientes parejas de ejemplos y decida qué párrafo de cada par comunica una apreciación más cercana de la experiencia descrita. Justifique sus respuestas.

1. (a) Al verla supe inmediatamente que algo le pasaba. Me senté a su lado y fue entonces cuando se puso a llorar. Yo mantenía la cabeza baja. Sus lágrimas eran abundantes, y yo también me sentía muy triste.

   (b) Al sentarme a su lado la oí llorar. La miré. Tenía los ojos hundidos y llenos de lágrimas. Le cogí las manos y cerré fuertemente los ojos para contener yo también mi llanto. Un sabor metálico me llenó la boca y me ardió la garganta.

2. (a) El apartamento era muy pequeño. Entré en la cocina y me paré en el centro de ella. Extendí los brazos y pude tocar las paredes. Di un pequeño salto y choqué con el techo.

   (b) Al entrar en la cocina del apartamento vi que era muy pequeño. Allí no iba a caber nada, mucho menos un refrigerador y una mesa con cuatro sillas.

Preso sin nombre, celda sin número
Jacobo Timerman

*Nacido en Ucrania en 1923, Jacobo Timerman se trasladó con su fami-
lia a la Argentina en 1928. Fue editor y director del periódico* La
Opinión *desde 1971 hasta 1977, año en que fue secuestrado por las
fuerzas de seguridad argentinas. Timerman ganó la libertad en 1979,
trasladándose entonces a Israel donde vive en la actualidad. Desde el
exilio ha publicado dos libros,* Preso sin nombre, celda sin número
(1980) y The Longest War: Israel in Lebanon. *(1982).*

*Para entender la situación de la década de los setenta hay que
mirar treinta años atrás y observar la influencia que ejerció en Argentina el gobierno de Juan Domingo Perón (1895–1974) y su esposa
Evita (1919–1952). Ambos fueron protagonistas de una dictadura
carismática basada en su fuerte atracción personal y en el apoyo entu-
siasta de la clase obrera. Aunque Perón perdió el poder en 1955 y tuvo
que exiliarse, el peronismo siguió como fuerza dominante en la política
del país, acomodando a grupos muy diversos, entre ellos, los obreros
sindicalistas y la juventud izquierdista de clase media. Cuando Perón
pudo volver a la Argentina en 1973, se encontró con una sociedad y un
partido peronista tan fragmentados que ni él logró gobernarlos y
murió sin haber creado una estructura política viable. La nueva
esposa de Perón, Isabel, sirvió como Presidenta de la República por
un período breve después de la muerte de su esposo, pero en 1976 fue
arrestada por una junta militar cuyos miembros se proclamaron los
únicos capaces de reestablecer la unidad y dirección política del país.
El nuevo gobierno se fue haciendo más represivo, hasta llevar a cabo
una campaña denominada anti-terrorista en la que entre 25.000 y
30.000 personas sufrieron tortura, desparecieron o perdieron la vida.*

En Preso sin nombre, celda sin número, *Timerman explica cómo
una facción extremista del Ejército Argentino vino a su casa de noche
y lo llevó a una cárcel clandestina en la maletera de un coche. Una vez
allí, los guardias antisemitas lo torturaron con regularidad y lo interro-
garon sobre el sionismo y las actividades de la comunidad judía. En el
fragmento que aparece a continuación, Timerman describe cómo
sobrevivió a las condiciones abusivas e infrahumanas de la cárcel.*

La celda es angosta. Cuando me paro en
el centro, mirando hacia la puerta de acero,°   *steel*
no puedo extender los brazos. Pero la celda es
larga. Cuando me acuesto, puedo extender
5 todo el cuerpo. Es una suerte, porque vengo
de una celda en la cual estuve un tiempo—
¿cuánto?—encogido,° sentado, acostado con   *doubled up*
las rodillas dobladas.°   *bent knees*
    La celda es muy alta. Saltando, no llego
10 al techo. Las paredes blancas, recién encala-

das.° Seguramente había nombres, mensajes, *whitewashed*
palabras de aliento,° fechas. Ahora no hay *encouraging words*
testimonios, ni vestigios.

15 El piso de la celda está permanentemente
mojado. Hay una filtración por algún lado. El
colchón también está mojado. Y tengo una
manta.° Me dieron una manta, y para que no *blanket*
se humedezca la llevo siempre sobre los hombros. Pero si me acuesto con la manta encima,
20 quedo empapado de agua en la parte que toca
el colchón. Descubro que es mejor enrollar el
colchón, para que una parte no toque el suelo.
Con el tiempo la parte superior° se seca. Pero *top*
ya no puedo acostarme, y duermo sentado.
25 Vivo, durante todo este tiempo,—¿cuánto?—
parado o sentado.

La celda tiene una puerta de acero con
una abertura que deja ver una porción de la
cara, o quizás un poco menos. Pero la guardia
30 tiene orden de mantener la abertura cerrada.
La luz llega desde afuera, por una pequeña
rendija que sirve también de respiradero.° Es *air vent*
el único respiradero y la única luz. Una lam-
parilla prendida día y noche, lo que elimina el
35 tiempo. Produce una semipenumbra° en un *semidarkness*
ambiente de aire viciado,° de semi-aire. *foul air*

Extraño° la celda desde la cual me tra- *I miss*
jeron a ésta—¿desde dónde?—, porque tenía
un agujero en el suelo para orinar y defecar.
40 En ésta que estoy ahora tengo que llamar a la
guardia para que me lleve a los baños. Es una
operación complicada, y no siempre están de
humor:° tienen que abrir una puerta que *in the mood*
seguramente es la entrada del pabellón° *block*
45 donde está mi celda, cerrarla por dentro,° *from the inside*
anunciarme que van a abrir la puerta de mi
celda para que yo me coloque de espaldas a
ésta,° vendarme los ojos, irme guiando hasta *stand with my back*
los baños, y traerme de vuelta repitiendo *towards the door*
50 toda la operación. Les causa gracia° a veces *it amuses them*
decirme que ya estoy sobre el pozo cuando
aún no estoy. O guiarme—me llevan de una
mano o me empujan por la espalda—, de
modo tal° que hundo° una pierna en el pozo. *in such a way / plunge*
55 Pero se cansan del juego, y entonces no
responden al llamado. Me hago encima.° Y *I go on myself*
por eso extraño la celda en la cual había un
pozo en el suelo.

Me hago encima. Y entonces necesito permiso especial para lavar la ropa, y esperar desnudo en mi celda hasta que me la traigan ya seca. A veces pasan días porque—me dicen—está lloviendo. Estoy tan solo que prefiero creerles. Pero extraño mi celda con el pozo dentro.

La disciplina de la guardia no es muy buena. Muchas veces algún guardia me da la comida sin vendarme los ojos. Entonces le veo la cara. Sonríe. Les fatiga hacer el trabajo de guardianes, porque también tienen que actuar de torturadores, interrogadores, realizar° las operaciones de secuestro.° En estas cárceles clandestinas sólo pueden actuar ellos, y deben hacer todas las tareas. Pero a cambio, tienen derecho a una parte del botín° en cada arresto. Uno de los guardianes lleva mi reloj.° En uno de los interrogatorios, otro de los guardianes me convida con° un cigarrillo y lo prende con el encendedor° de mi esposa. Supe después que tenían orden del Ejército de no robar en mi casa durante mi secuestro, pero sucumbieron a las tentaciones. Los Rolex de oro y los Dupont de oro° constituían casi una obsesión de las fuerzas de seguridad argentinas en ese año de 1977.

En la noche de hoy, un guardia que no cumple con° el Reglamento dejó abierta la mirilla que hay en mi puerta. Espero un tiempo a ver qué pasa, pero sigue abierta. Me abalanzo,° miro hacia afuera. Hay un estrecho pasillo, y alcanzo a divisar° frente a mi celda, por lo menos dos puertas más. Sí, abarco completas° dos puertas. ¡Qué sensación de libertad! Todo un universo se agregó° a mi Tiempo, ese largo tiempo que permanece junto a mí en la celda, conmigo, pesando sobre mí. Ese peligroso enemigo del hombre que es el Tiempo cuando se puede casi tocar su existencia, su perdurabilidad,° su eternidad.

Hay mucha luz en el pasillo. Retrocedo° un poco enceguecido, pero vuelvo con voracidad. Trato de llenarme del espacio que veo. Hace mucho que no tengo sentido de las distancias y de las proporciones. Siento como si

carry out / kidnapping

booty

wears my watch
offers me
lighter

(that is, gold watches and cigarette lighters)

obey

I hurl myself (at the door) / I manage to see

I have full view of was added

everlasting nature

retreat

me fuera desatando.° Para mirar debo *as if I were coming*
apoyar° la cara contra la puerta de acero, que *undone / lean*
está helada.° Y a medida que pasan los minu- *freezing cold*
tos, se me hace insoportable el frío. Tengo
110 toda la frente apoyada contra el acero, y el
frío me hace doler la cabeza. Pero hace ya
mucho tiempo—¿cuánto?—que no tengo una
fiesta de espacio° como ésta. Ahora apoyo la *a wealth of space*
oreja, pero no se escucha ningún ruido.
115 Vuelvo entonces a mirar.

Él está haciendo lo mismo. Descubro que
en la puerta frente a la mía° también está la *facing mine*
mirilla abierta y hay un ojo. Me sobresalto:
me han tendido una trampa.° Está prohibido *trap*
120 acercarse a la mirilla, y me han visto hacerlo.
Retrocedo, y espero. Espero un Tiempo, y
otro Tiempo, y más Tiempo. Y vuelvo a la
mirilla.

Él está haciendo lo mismo.
125 Y entonces tengo que hablar de ti, de esa
larga noche que pasamos juntos, en que
fuiste mi hermano, mi padre, mi hijo, mi
amigo. ¿O eras una mujer? Y entonces pasamos esa noche como enamorados. Eras un
130 ojo, pero recuerdas esa noche, ¿no es cierto?
Porque me dijeron que habías muerto, que
eras débil del corazón y no aguantaste° la *did not withstand*
"máquina",° pero no me dijeron si eras hom- *(an instrument of*
bre o mujer. Y, sin embargo, ¿cómo puedes *torture)*
135 haber muerto, si esa noche fue cuando derro-
tamos° a la muerte? *we defeated*

Tienes que recordar, es necesario que
recuerdes, porque si no, me obligas a recordar
por los dos, y fue tan hermoso que necesito
140 también tu testimonio. Parpadeabas.
Recuerdo perfectamente que parpadeabas, y
ese aluvión de movimientos° demostraba sin *flood of movement*
duda alguna que yo no era el último ser
humano sobre la Tierra en un Universo de
145 guardianes torturadores. A veces, en la celda,
movía un brazo o una pierna para ver algún
movimiento sin violencia, diferente a cuando
los guardias me arrastraban° o empujaban.° *dragged / pushed*
Y tú parpadeabas. Fue hermoso.
150 Eras—¿eres?—una persona de altas cualidades humanas, y seguramente con un profundo conocimiento de la vida, porque esa

noche inventaste todos los juegos; en nuestro
mundo clausurado° habías creado el Movi-
155 miento. De pronto° te apartabas° y volvías.
Al principio me asustaste.° Pero enseguida
comprendí que recreabas la gran aventura
humana del encuentro y el desencuentro.° Y
entonces jugué contigo. A veces volvíamos a
160 la mirilla al mismo tiempo, y era tan sólido el
sentimiento de triunfo, que parecíamos
inmortales. Éramos inmortales.

    Volviste a asustarme una segunda vez,
cuando desapareciste por un momento pro-
165 longado. Me apreté° contra la mirilla, desesperado. Tenía la frente helada y en la noche
fría—¿era de noche, no es cierto?—me saqué
la camisa para apoyar la frente. Cuando
volviste, yo estaba furioso, y seguramente
170 viste la furia en mi ojo porque no volviste a
desaparecer. Debió ser un gran esfuerzo°
para ti, porque unos días después, cuando me
llevaban a una sesión de "máquina" escuché
que un guardia le comentaba a otro que había
175 utilizado tus muletas° como leña.° Pero
sabes muy bien que muchas veces empleaban
esas tretas° para ablandarnos° antes de una
pasada por la "máquina", una charla con la
Susana,° como decían ellos. Y yo no les creí.
180 Te juro° que no les creí. Nadie podía destruir
en mí la inmortalidad que creamos juntos esa
noche de amor y camaradería.

    Eras—¿eres?—muy inteligente. A mí no
se me hubiera ocurrido° más que mirar, y
185 mirar, y mirar. Pero tú de pronto colocabas tu
barbilla frente a la mirilla. O la boca. O parte
de la frente. Pero yo estaba muy desesperado.
Y muy asustado. Me aferraba° a la mirilla
solamente para mirar. Intenté, te aseguro,
190 poner por un momento la mejilla, pero
entonces volvía a ver el interior de la celda, y
me asustaba. Era tan nítida° la separación
entre la vida y la soledad, que sabiendo que
tú estabas ahí, no podía mirar hacia la celda.
195 Pero tú me perdonaste, porque seguías vital
y móvil. Yo entendí que me estabas conso-
lando, y comencé a llorar. En silencio, claro.
No te preocupes, sabía que no podía arriesgar
ningún ruido. Pero tú viste que lloraba, ¿ver-

confined

suddenly / you left
frightened

recovery and loss

pressed myself

effort

crutches / firewood

tricks / weaken us

*(that is, a torture
session) / I swear*

*it would not have
occurred to me (to
do)*

clung to

sharp

200 dad?, lo viste sí. Me hizo bien llorar ante ti,
porque sabes bien cuán° triste es cuando en   *how*
la celda uno se dice a sí mismo que es hora de
llorar un poco, y uno llora sin armonía, con
congoja, con sobresalto. Pero contigo pude
205 llorar serena y pacíficamente. Más bien,° es   *rather*
como si uno se dejara° llorar. Como si todo se   *as if one allowed*
llorara en uno, y entonces podría ser una ora-   *oneself*
ción° más que un llanto.° No te imaginas   *prayer / weeping*
cómo odiaba ese llanto entrecortado° de la   *broken*
210 celda. Tú me enseñaste, esa noche, que podíamos ser Compañeros del Llanto.

A. *Comprensión*

Lea las frases siguientes y decida si son ciertas o falsas. Si son
falsas, cambie las palabras en cursiva para hacer una afirmación
correcta.

1. La celda de Timerman es *angosta, alta y mojada.*
2. La única luz entra por *una ventana.*
3. Las tareas de los guardianes incluyen *el secuestro, la interrogación y la tortura.*
4. En cada arresto los guardianes reciben *el reconocimiento oficial del gobierno.*
5. Una noche, un guardián *deja abierta* la mirilla de Timerman.
6. Timerman descubre que en la mirilla de la puerta frente a la suya *hay un ojo.*
7. Cuando la otra persona parpadea, Timerman sabe que es *el final del mundo para ellos.*
8. La otra persona inventa juegos: de pronto *desaparece y luego vuelve a su mirilla.*
9. Timerman y la otra persona *no pudieron vencer* su soledad.

B. *Análisis del texto*

1. ¿Qué indicios da Timerman sobre su vida antes del arresto?
2. Describa las condiciones de la cárcel que producen un sentido de claustrofobia y de soledad.
3. ¿Cuál es la actitud de los guardianes hacia los presos? ¿Qué motivos tendrán para abusar de los presos?
4. ¿Por qué a Timerman le importa tanto el "Tiempo"?
5. ¿Qué importancia tiene el contacto con otra persona (el ojo)?
6. ¿Por qué razón lloró Timerman acongojadamente en su celda antes de tener contacto con el ojo? ¿Cómo es diferente su llanto sereno? ¿Llora por las mismas razones?
7. ¿Cómo triunfan los dos presos sobre las condiciones de la cárcel?

C. Conversación

1. Según se desprende del texto comente (a) quiénes operan las cárceles clandestinas, (b) cuáles son las razones por las que se encarcela a los presos y (c) el tratamiento que reciben los presos allí.
2. En el caso de Timerman, ¿cuáles son las actividades de los guardianes que buscan humillar a los presos? ¿Cuál es el propósito de esta humillación?
3. Compare la presentación de la violencia en las películas y novelas populares con la presentación de la violencia en la obra de Timerman. ¿Qué diferencias encuentra Ud.? en cuanto a:
   a. el tipo de violencia
   b. la manera de presentar la violencia y los detalles presentados
   c. los que hacen un acto violento y los que reciben este acto
   d. la reacción que tiene el público
   e. ¿A qué se deben estas diferencias?
4. En la opinión de Ud., ¿a quiénes se dirige Timerman al escribir su libro? ¿A los guardianes? ¿A otros argentinos? ¿A extranjeros que saben poco de las condiciones en la Argentina? Justifique su opinión.

D. Temas de composición e investigación

1. *Preso sin nombre, celda sin número:* la comunicación de la soledad.
2. La solidaridad humana en momentos de crisis.
3. Los presos políticos argentinos en la década de los 70 y los 80.

Bibliografía breve

Amnesty International Report. Yearly.

Hoeffel, Paul Heath and Juan Montalvo. "Missing in Argentina: The Desperate Search for Thousands of Abducted Victims." *New York Times Magazine,* 21 October 1979, pp. 44–80.

Lernoux, Penny. *Cry of the People: The Struggle for Human Rights in Latin America—The Catholic Church in Conflict with U.S. Policy.* New York: Penguin-Doubleday, 1982. Chapter IX.

Testimony on Secret Detention Camps in Argentina. London: Amnesty International Publications, 1980.

12. Los astros y vos
Mario Benedetti

Vocabulario

Estudie las siguientes palabras que son necesarias para la comprensión del texto.

Sustantivos

el / la abogado / a lawyer
el / la aprendiz / a apprentice
el astro star, heavenly body
el comisario police chief
el / la déspota tyrant
el diario newspaper
el paro strike
el / la juez judge
el / la periodista newspaper
  reporter
el sindicato labor union

Verbos

apoyar to support
concurrir to attend; to frequent
mentir to lie
soltar to set free; to come out with
  (words)
vengarse to take revenge

Adjetivos

borracho/a drunk
detenido/a arrested

Adverbios

a menudo often

Ejercicios de prelectura

Para la realización de los ejercicios siguientes, es necesario conocer el vocabulario presentado en la sección anterior.

A. Explique con sus propias palabras qué hacen profesionalmente los personajes siguientes.

1. el / la abogado / a *defiende criminales o víctimas*
2. el / la aprendiz / a *trabaja con el jefe para aprender habilidad*
3. el / la comisario / a *el jefe de la policía*
4. el / la juez *te da justicia*
5. el / la periodista *escribe sobre eventos*

B. Dé un antónimo para cada una de las palabras o expresiones siguientes.

1. el / la déspota *un demócrata*
2. a menudo *raras veces*
3. mentir *decir la verdad*
4. borracho / a *sobrio/a*
5. detenido / a *libre*

C. Escoja la palabra apropiada de la lista a la derecha de la página
para completar cada frase. Use la forma correcta de la palabra.

1. Raras veces . . . alumnos del . . . a las con-
   ferencias universitarias.
2. Según el . . . *La Prensa,* el . . . ha negado
   . . . al General Vargas en las próximas
   elecciones. Si el General gana, seguramente habrá un . . . general.
3. El estudio de los . . . es la tarea de los
   astrónomos.
4. Desde que el déspota le . . . aquel insulto,
   Javier sólo piensa en. . . .

paro
astro
diario
liceo
sindicato
apoyar
concurrir
vengarse
soltar

D. **Alegoría.** La alegoría es un recurso literario por el cual el autor
sugiere a través de una situación o unos personajes un segundo
nivel de significado en la obra. Este segundo nivel de significado
ofrece una moraleja de índole religiosa, política o ética. Por esta
razón, los personajes de una alegoría suelen ser personificaciones
de ideas abstractas. El autor/a de una alegoría trata de despertar
en el lector/a dos niveles de interés: (a) interés en los sucesos, los
personajes y el ambiente presentado, y (b) interés en las ideas que
estos sugieren.

En el cuento que se presenta a continuación el autor Mario
Benedetti hace uso de la alegoría. Lea el cuento y conteste a las
preguntas que lo siguen.

Los astros y vos
Mario Benedetti

*Uno de los más conocidos escritores del Uruguay, Mario Benedetti
(1920) es novelista, poeta, cuentista, crítico literario y colaborador del
periódico español* El País. *Ha publicado, entre muchas otras obras,*
Montevideanos *(1959),* Letras de emergencia *(1974),* Con y sin nostal-
gia *(1977) y* Primavera con una esquina rota *(1982).*

*El Uruguay, un país de cuatro millones de habitantes, gozó
durante mucho tiempo de un sistema democrático estable en el que los
terratenientes rurales y los industriales urbanos compartían el poder.
A finales de la década del sesenta, la inflación desenfrenada, el
aumento del poder de las fuerzas armadas y las actividades terroristas
de los guerrilleros Tupamaros, entre otros factores, hicieron fracasar la
democracia, siendo ésta sustituida por un gobierno presidencial fuertemente unido a los militares. Desde 1971 a 1973, el Presidente Juan
María Bordaberry disolvió todas las libertades civiles. A partir de
entonces los militares controlan las actividades sindicales y prohíben
la actuación de los partidos políticos.*

En su cuento Los astros y vos, *Benedetti emplea la alegoría para analizar las maneras abiertas y sutiles en que actúa la represión en su país. En el pueblo ficticio de Rosales, el comisario de policía sufre una peligrosa transformación de personalidad y un periodista se compromete a asegurar el futuro del pueblo.*

Hijo de un maestro primario y de una
costurera;° delgado, de buena estatura, ojos   *dressmaker*
oscuros y manos suaves, podía haber pasado
por un habitante promedio° de Rosales, ese   *average*
5 pueblito aséptico, alfabetizado e industrioso,
con su destino más visible ligado a° dos fábri-   *tied to*
cas° [poderosas, humeantes, cuadradas] de   *factories*
capital extranjero.° Oliva era comisario como   *backed by foreign money*
pudo haber sido albañil° o bancario, es decir   *bricklayer*
10 no por vocación sino por azar.° Por otra   *by chance*
parte, durante largos años la policía casi no
había tenido sentido° en la vida cotidiana° de   *made no sense /*
Rosales, ya que° allí nadie delinquía. El   *every day / since*
último crimen, un recuerdo que tenía por lo
15 menos veinte años, había sido un típico crimen de amor: el almacenero° don Estévez   *store keeper*
había matado a su mujer, enferma de un cán-
cer incurable, nada más que para ahorrarle°   *to save*
las últimas semanas de insoportable agonía.
20 Alguna que otra noche° asomaban en la   *every so often at night*
plaza, dignificada por la iglesia y la jefatura,°   *police headquarters*
dos o tres alcohólicos moderados, pero la
policía nunca intervenía porque esos tipos
tenían la borrachera alegre y se limitaban a
25 entonar viejas milongas° o a rememorar un   *(type of popular song)*
evangelio de chistes° que ellos creían indis-   *a long list of jokes*
cutiblemente procaces° y que en realidad   *daring*
eran de una inocencia casi adolescente.
El comisario frecuentaba el café, donde   *pharmacist*
30 jugaba a la generala° con el dentista o el boti-   *(a game played with*
cario, y a veces hasta aparecía por el Club,   *dice)*
donde discutía amigablemente con el
periodista Arroyo sobre deportes y política
internacional. En rigor,° la especialidad   *strictly speaking*
35 periodística de Arroyo no eran ni los deportes
ni la política internacional, sino la sabia,°   *wise*
escurridiza° astrología, pero en su diaria sec-   *slippery*
ción de horóscopos ["Los astros y vos"] hacía
a menudo referencias muy concretas y muy
40 verificables sobre distintos matices° de un   *aspects*
futuro presumiblemente cercano. Y eran

matices en tres zonas: la internacional, la nacional y la pueblerina. Tantos aciertos se había anotado en los tres órdenes, que su sec-
45 ción astrológica en *La Espina°* de Rosales   *thorn*
[diario de la mañana] era consultada con aten- ción y respeto no sólo por las mujeres sino por todos los rosaleros.°   *the people of Rosales*

   Quizá valga la pena° aclarar que el nom-   *perhaps it would be*
50 bre del pueblo no era—ni es—Rosales. Aquí   *worthwhile*
se lo adopta sólo por razones de seguridad. En el Uruguay de hoy no sólo las personas, los grupos políticos o los sindicatos han ido pasando a la ilegalidad; también hay barrios
55 y pueblos y villas, que se han vuelto° clandes-   *have become*
tinos. underground, secret

   Es a partir del golpe del 73 que el comisa- rio Oliva sufre una radical transformación. El primer cambio visible fue en su aspecto
60 externo: antes no usaba casi nunca el uniforme, y en verano se le veía a menudo en mangas de camisa.° Ahora el uniforme y él   *shirt sleeves*
eran inseparables. Y ello había dado a su ros- tro, a su postura, a su paso,° a sus órdenes,   *way of walking*
65 una rigidez y un autoritarismo que un año atrás° habrían sido absolutamente invero-   *one year before*
símiles.° Además había engordado [según los   *unbelievable*
rosaleros, se había "achanchado"]° rápida e   *had become pig-like*
inconteniblemente.
70   Al principio, Arroyo miraba aquel cam- bio con cierta incredulidad, como si creyera que el comisario estaba simplemente desa- rrollando un gran simulacro.° Pero la noche   *putting on a big show*
en que mandó detener a los tres borrachitos
75 de rigor,° por "desórdenes y vejámenes al   *the usual*
pudor",° cuando la verdad era que habían   *disorderly conduct*
cantado y contado como siempre; esa noche   *and abuses against*
Arroyo comprendió que la transformación   *modesty*
iba en serio.° Y al día siguiente las columnas   *was a serious matter*
80 de "Los astros y vos" comenzaron a expresar un prognóstico sombrío para el futuro cer- cano y rosalero.

   El único liceo del pueblo tuvo por primera vez un paro estudiantil. Al igual que en otras
85 localidades del Interior, asistían al liceo jóvenes de muy disparejas edades: unos eran casi niños y otros eran casi hombres. En este paro inaugural, los muchachos protestaron

contra el golpe, contra el cierre del parla-
90 mento, contra la clausura de sindicatos, contra las torturas. Totalmente desprevenidos° *unprepared*
con respecto al cambio operado en Oliva, des-
filaron° con pancartas° alrededor de la plaza, *paraded / placards*
y antes de concluir la segunda vuelta, ya
95 fueron detenidos. Todavía los policías les
pidieron disculpas° [algunos eran tíos o *begged their pardon*
padrinos de los "revoltosos"], agregando a
nivel de susurro,° entre crítico y temeroso, *in a whisper*
que eran "cosas de Oliva". De los sesenta
100 detenidos, antes de las veinticuatro horas el
comisario soltó a cincuenta, no sin antes pro-
pinarles una larga filípica,° en el curso de la *long-winded verbal thrashing*
cual dijo, entre otras cosas, que no iba a
tolerar "que ningún mocoso° lo llamara fas- *snotty-nosed kid*
105 cista". A los diez restantes [los únicos mayores de edad] los retuvo en la comisaría,
incomunicados. A la madrugada se oyeron
claramente quejidos,° pedidos de auxilio,° *moans / cries for help*
gritos desgarradores.° A los padres [y sobre *blood curdling*
110 todo a las madres] les costó convencerse de
que en la comisaría estaban torturando a sus
muchachos. Pero se convencieron.

Al día siguiente, Arroyo se puso aún más
sombrío en su anuncio astrológico. Soltó
115 frases como éstas: "Alguien acudirá° a sinies- *will resort*
tras formas represivas destinadas a arruinar
la vida de Rosales, y eso costará sangre, pero
a la larga° fracasará". En el pueblo sólo había *in the long run*
un abogado que ejercía su profesión, y los
120 padres acudieron a él para que defendiera a
los diez jóvenes, pero cuando el doctor Borja
se lanzó a la búsqueda del juez, se encontró
con que éste también estaba preso. Era ridículo, pero además era cierto. Entonces se
125 armó de valor° y se presentó en la comisaría, *armed himself with courage / as soon as*
pero no bien° mencionó palabras como
habeas corpus, derecho de huelga, etc., el
comisario lo hizo expulsar del recinto° poli- *precinct*
cial. El abogado decidió entonces viajar a la
130 capital; no obstante,° y a fin de que los *nevertheless*
padres no concibieran demasiadas esperan-
zas, les adelantó° que lo más probable era que *told them in advance*
en Montevideo apoyaran a Oliva. Por
supuesto, el doctor Borja no regresó y varios
135 meses después los vecinos de Rosales empe-

zaron a enviarle cigarrillos al penal de Punta Carretas. Arroyo prognosticó: "Se acerca la hora de la sinrazón. El odio° comenzará a incubarse en las almas buenas".

hatred

140   Sobrevino entonces° el episodio del baile, algo fuera de serie° en los anales del pueblo. Una de las fábricas había construido un Centro Social para uso de sus obreros y empleados. Lo había hecho con el secreto fin

145 de neutralizar las eventuales° rebeldías laborales, pero hay que reconocer que el Centro Social era usado por todo Rosales. Los sábados de noche la juventud, y también la gente madura, concurrían allí para charlar y

150 bailar. Los bailes de los sábados eran probablemente el hecho comunitario más importante. En el Centro Social se ponían al día los chismes de la semana,° arrancaban allí los futuros noviazgos,° se organizaban los bauti-

155 zos, se formalizaban las bodas, se ajustaba la nómina° de enfermos y convalecientes. En la época anterior al golpe, Oliva había concurrido con asiduidad.° Todos lo consideraban un vecino más. Y en realidad lo era. Pero des-

160 pués de la transformación, el comisario se había parapetado° en su despacho [la mayoría de las noches dormía en la comisaría, "en acto de servicio"] y ya no iba al café, ni concurría al Club [su distanciamiento con

165 Arroyo era ostensible] ni menos aún al Centro Social. Sin embargo, ese sábado apareció, con escolta° y sin aviso.° La pobrecita orquesta se desarmó en una carraspera del bandoneón,° y las parejas que bailaban se quedaron

170 inmóviles, sin siquiera desabrazarse,° como una caja de música a la que de pronto se le hubiera estropeado° el mecanismo.

    Cuando Oliva preguntó: "¿Quién de las mujeres quiere bailar conmigo?", todos se

175 dieron cuenta de° que estaba borracho. Nadie respondió. Dos veces más hizo la pregunta y tampoco respondió nadie. El silencio era tan compacto que todos [policías, músicos y vecinos] pudieron escuchar el canto no com-

180 prometido de un grillo. Entonces Oliva, seguido por sus capangas,° se acercó a Claudia Oribe, sentada con su marido en un

then followed
out of the ordinary

incidental

weekly gossip was
up-dated / future
betrothals were
initiated
list

frequently

barricaded

guards / warning

a hoarse cry from the
concertina / letting go
of one another

broken down

realized

sidekicks

banco° junto al ventanal. En el sexto mes de   *bench*
su primer embarazo,° Claudia [rubia, sim-   *pregnancy*
185 pática, joven, bastante animosa] se sentía
pesada y se movía con extrema cautela, ya
que el médico la había prevenido contra los
riesgos de un aborto.°   *miscarriage*
   "¿Querés bailar?", preguntó el comisario,
190 tuteándola° por primera vez y tomándola de   *addressing her with*
un brazo. Aníbal, el marido, obrero de la cons-   *the familiar form*
trucción, se puso de pie,° pálido y crispado.°   *stood up / on edge*
Pero Claudia se apresuró° a responder: "No,   *hurried*
señor, no puedo". "Pues conmigo vas a
195 poder", dijo Oliva. Aníbal gritó entonces:
"¿No ve la barriga° que tiene? Déjela tran-   *belly*
quila, ¿quiere?". "No es con vos que estoy
hablando", dijo Oliva. "Es con ella, y ella va a
bailar conmigo". Aníbal se le fue encima,°   *jumped him*
200 pero tres de los capangas lo sujetaron.
"Llévenselo",° ordenó Oliva. Y se lo llevaron.   *take him away*
Rodeó con su brazo la deformada cintura° de   *waist*
la encinta,° hizo con la ceja° una señal a la   *pregnant woman /*
orquesta, y cuando ésta reinició desafinada-   *eyebrow*
205 mente la queja interrumpida, arrastró° a   *dragged*
Claudia hasta la pista.° Era evidente que a la   *dance floor*
muchacha le faltaba el aire, pero nadie se ani-
maba° a intervenir, entre otras contun-   *got the courage*
dentes° razones porque los custodias sacaron   *overwhelming*
210 a ventilar° sus armas. La pareja bailó sin   *brandished*
interrupción tres tangos, dos boleros y una
rumba. Al término de ésta, y con Claudia a
punto de desmayarse,° Oliva la trajo otra vez   *about to faint*
hasta el banco, dijo: "¿Viste cómo podías?", y
215 se fue. Esa misma noche Claudia Oribe
abortó.
   El marido estuvo incomunicado durante
varios meses. Oliva disfrutó encargándose
personalmente de los interrogatorios.
220 Aprovechando° que el médico de los Oribe   *taking advantage of*
era primo hermano° de un Subsecretario, una   *the fact / first cousin*
delegación de notables, presidida por el
facultativo,° fue a la capital para entrevis-   *doctor*
tarse con el jerarca.° Pero éste se limitó a   *(that is, the Under*
225 aconsejar: "Me parece mejor no mover este   *Secretary)*
asunto.° Oliva es hombre de confianza° del   *not to pursue this*
gobierno. Si ustedes insisten en una repara-   *matter / trusted*
ción, o en que lo sancionen, él va a comenzar a   *ally*
vengarse. Estos son tiempos de quedarse

230 tranquilo y esperar. Fíjense en° lo que yo   *observe*
mismo hago. Espero ¿no?"

    Pero allá en Rosales, Arroyo no se con-
formó con esperar. A partir de ese episodio,
su campaña fue sistemática. Un lunes, la co-
235 lumna "Los astros y vos" expresó en su prognóstico para Rosales: "Pronto llegará la hora
en que alguien pague". El miércoles añadió:
"Negras perspectivas para quien hace
alarde° de la fuerza ante los débiles". El   *flaunts*
240 jueves: "El autoritario va a sucumbir y lo
merece". Y el viernes: "Los astros anuncian
inexorablemente el fin del aprendiz. Del
aprendiz de déspota".

    El sábado, Oliva concurrió en persona a
245 la redacción° de *La Espina de Rosales*.   *editorial room*
Arroyo no estaba. Entonces decidió ir a bus-
carlo a la casa. Antes de llegar, les dijo a los
custodias: "Déjenme solo. Para entenderme
con° este maricón hijo de puta, yo me basto y   *to handle*
250 me sobro".° Cuando Arroyo abrió la puerta,   *I'm more than capable*
Oliva lo empujó° con violencia y entró sin   *shoved*
hablarle. Arroyo no perdió pie,° y tampoco   *lose his footing*
pareció sorprendido. Se limitó a tomar cierta
distancia del comisario y entró en la única
255 habitación que daba al zaguán° y que ofi-   *opened onto the front hall*
ciaba de° estudio. Oliva fue tras él. Pálido y   *was used as*
con los labios apretados,° el periodista se   *pressed tight*
situó detrás de una mesa con cajones. Pero no
se sentó.

260   —¿Así que los astros anuncian mi fin?
    —Sí— dijo Arroyo.—Yo no tengo la
culpa. Son ellos que lo anuncian.
    —¿Sabés una cosa? Además de hijo de
puta, sos° un mentiroso.   *(vos) eres*
265   —No estoy de acuerdo, comisario.
    —¿Y sabés otra cosa? Ahora mismo te
vas a sentar aquí y vas a escribir el artículo
de mañana.
    —Mañana es domingo y no sale el diario.
270   —Bueno, el del lunes. Y vas a poner que
los astros dicen que el aprendiz de déspota va
a vivir muchos años. Y que los va a vivir con
suerte y con salud.
    —Pero los astros no dicen eso, comisario.
275   —¡Me cago en los astros! Vas a escribirlo.
¡Y ahora mismo!

El movimiento de Arroyo fue tan rápido que Oliva no pudo ni siquiera intentar una defensa o un esquive.° Fue un solo disparo,° *dodge / shot*
280 pero a quemarropa.° Ante los ojos abiertos y *point blank range* estupefactos de Oliva derrumbándose,° *falling* Arroyo agregó con calma:

—Los astros nunca mienten, comisario.

bring lots of questions → pop quiz!

A. Comprensión

Escoja la respuesta o las respuestas correctas.

1. Antes de 1973, el comisario Oliva tiene poco trabajo porque
   a. sólo hay crímenes de amor
   b. nadie delinque
   c. los borrachos no salen a la plaza
2. La sección de horóscopos del periodista Arroyo es muy popular porque
   a. cuenta el futuro cercano
   b. acierta muy a menudo
   c. *La Espina de Rosales* publica los chismes de la semana
3. Después de 1973, Oliva
   a. está siempre en mangas de camisa
   b. está más gordo
   c. tiene una postura y aspecto militar
4. Arroyo comprende que los cambios de Oliva van en serio cuando los borrachos
   a. cantan milongas procaces
   b. son detenidos
   c. expresan un prognóstico sombrío
5. Los policías no quieren detener a los estudiantes que participan en el paro porque los policías
   a. también protestan contra el golpe
   b. son parientes y amigos de los estudiantes
   c. saben que Oliva va a torturar a los estudiantes
6. Nadie puede ayudar a los estudiantes porque
   a. el juez está preso
   b. el abogado está de vacaciones en la capital
   c. Oliva tiene el apoyo del gobierno
7. Claudia Oribe no quiere bailar con Oliva en el Centro Social porque
   a. Oliva está borracho
   b. Claudia está embarazada
   c. el marido de Claudia no quiere que ella baile con otro hombre

8. Nadie ayuda a los Oribe porque
    a. el marido es un criminal
    b. todos tienen miedo de Oliva
    c. nadie conoce a los altos oficiales del gobierno
9. Al final del cuento, Arroyo usa su sección de horóscopos para
    a. publicar los anuncios de Oliva
    b. eliminar a un déspota del pueblo
    c. apoyar a los rosaleros en su lucha contra Oliva

B. Análisis del texto

1. ¿Qué o a quiénes simbolizan los personajes siguientes: (a) los rosaleros, (b) Oliva y (c) Arroyo? ¿Qué significado simbólico hay en los nombres empleados por Benedetti?
2. Comente la transformación de la apariencia física, la personalidad y las costumbres de Oliva a partir de 1973.
3. ¿Por qué se presenta Oliva en el Centro Social de Rosales? ¿Qué quiere mostrar a los rosaleros cuando insiste en bailar con Claudia Oribe?
4. Compare la vida diaria de los rosaleros antes de 1973 con su vida diaria después del golpe. Considere sus relaciones sociales, su interacción con la policía y su confianza en las autoridades.
5. ¿Con qué fin escribe Arroyo sus anuncios astrológicos contra los cambios en el pueblo? ¿Qué influencia quiere tener en los rosaleros?
6. ¿Cuál es la moraleja de *Los astros y vos?*

C. Conversación

1. ¿En qué concepto ideal de la sociedad se basan el gobierno y las instituciones del país de Ud.? Basándose en el texto, ¿qué concepto de la sociedad ideal tiene Benedetti?
2. Oliva se propone establecer el orden en el pueblo. ¿Cómo describiría Oliva a una sociedad con orden social? ¿Cómo defendería él la necesidad de ese orden?
3. Al cambiar el pueblo de Rosales de democrático a autoritario, ¿qué cambios tiene que hacer Oliva en los habitantes para que éstos no se rebelen?
4. Al matar a Oliva, ¿actuó Arroyo de manera moral o inmoral? En la opinión de Ud., ¿hay circunstancias que nos permiten o aún nos exigen matar?

D. Temas de composición e investigación

1. El periodista Arroyo: ¿héroe o terrorista?
2. El papel del intelectual en la sociedad moderna.
3. La transformación del Uruguay en la década de los 70.

Bibliografía breve

Jerman, William, ed. and trans. *Repression in Latin America: A Report on the First Session of the Second Russell Tribunal, Rome, April 1974.* Nottingham: Spokesman Books, 1975.

Kaufman, Edy. *Uruguay in Transition: From Civilian to Military Rule.* New Brunswick: Transaction Books, 1979.

Porzecanski, Arturo C. *Uruguay's Tupamaros: The Urban Guerrillas.* New York: Praeger Special Studies on International Politics and Government, 1973.

Summary of the Problems Facing Counsel for the Defense of Political Prisoners Under the System of Military Justice in Uruguay. London / Washington D.C.: Amnesty International Publications, 1978.

Weinstein, Martin. *Uruguay: The Politics of Failure.* Westport: Greenwood Press, 1975.

Animales, *1941, por Rufino Tamayo (1899–), México.
Collection, The Museum of Modern Art, New York.
Inter-American Fund.*

La cosecha, *por Julio Sigueria, El Salvador.
Museum of Modern Art of Latin America, Washington, D.C. Photo by Angel Hurtado.*

Plaza Morazán en Tegucigalpa, *1969, por José Antonio Velásquez (1906–1983), Honduras. Gómez-Sicre Collection. Photo by Angel Hurtado.*

Capítulo V

Testimonios literarios

El papel político-social que representan los escritores en Hispanoamérica es un fenómeno común y muy extendido que se ve reflejado en su literatura. El grado de participación de cada autor varía desde desempeñar cargos activos en los gobiernos de sus respectivos países, a ser cronistas de su tiempo, bien en periódicos o en su propia obra literaria. Algunos se centran en los problemas de su región; otros miran en bloque a lo hispanoamericano. Muchos actúan desde el exilio, pero todos tienen en común un fuerte sentido de responsabilidad histórica que se manifiesta según cada estilo y personalidad.

En este capítulo se presentan tres testimonios literarios, el primero de El Salvador, el segundo de la Argentina y el último del Perú, de esa realidad que se sigue forjando en Hispanoamérica.

---

13. Flores del volcán
Claribel Alegría

Vocabulario

Estudie las siguientes palabras que son importantes para la comprensión del texto.

Verbos

ahogarse to drown
crecer to grow
derrumbarse to fall down, collapse
desviar to divert, turn off course
envasar to put into a container
enviar to send
exigir to require, demand
huir to flee
hundirse to sink, cave in
rugir to roar
saquear to loot
tragar to swallow; to devour

Expresiones

a lo largo de along, throughout
dejar de + *infinitivo* to stop or cease + gerund

Ejercicios de prelectura

Para la realización de los ejercicios siguientes, es necesario conocer el vocabulario y las expresiones presentadas en la sección anterior.

A. Complete la frase con el verbo que corresponda al sustantivo en cursiva. Use la forma correcta del verbo.

1. La universidad me . . . estudiar historia. La verdad es que no entiendo esa *exigencia.*
2. Ayer se . . . el tráfico a causa de un accidente en la carretera de Iquitos. El *desvío* sigue aún hoy día.
3. El submarino . . . como un león y luego se . . . en el océano. Fue un *rugido* espantoso y el *hundimiento* más lamentable de la historia de la navegación.
4. La empresa . . . el triple el año pasado. Su *crecimiento* se debe a la gran calidad de los empleados.
5. Es una pena que haya que . . . un edificio tan bonito como era el hotel. El *derrumbamiento* se produjo el domingo.
6. La semana pasada . . . mi hermana y yo por correo un paquete para mamá. Se trata de un *envío* especial para su cumpleaños.
7. He intentado . . . del trabajo por unos días, pero hoy, a mi regreso, veo que la *huida* fue inútil.
8. Es muy peligroso . . . alimentos si no se sabe cómo hacerlo. El *envase* tiene que ser especial.
9. El espía, al ver que los soldados estaban . . . la ciudad, decidió . . . el microfilm con la información secreta. Al final del *saqueo* no quedó ni agua para beber un *trago.*

B. Complete con una frase el diálogo siguiente.

Luis: ¡Cuánto papel y basura hay a lo largo de esta calle!
Olivia: Sí, ahora que la ciudad ya no contrata a gente que la limpie, nos estamos ahogando entre tanta basura.
       . . .

C. **Anáfora.** En retórica se llama *anáfora* al uso repetido de una o más palabras al principio de dos o más versos. El objetivo es intensificar el tono y el mensaje del poema por medio de la repetición.

Practique el uso de la *anáfora* completando oralmente los espacios en blanco de los siguientes versos.

        ¿Quién dijo que era verde mi país?
        es más rojo
        _____ gris
        _____ violento:
         . . .

bajan los niños del volcán
_____ como la lava
con sus ramos de flores
como raíces bajan
_____ ríos

. . .

sigue exigiendo sangre
porque se acerca el ciclo
_____ Tlaloc no ha muerto.

Flores del volcán
Claribel Alegría

*Claribel Alegría, nacida en Nicaragua en 1924, se trasladó con su fami-
lia a vivir a El Salvador, siendo ella aún muy joven. Con la colabora-
ción de su esposo Darwin J. Flakoll ha escrito la novela* Cenizas de
Izalco *(1964) y* Nicaragua: la revolución sandinista. Una crónica
política, 1855–1979 *(1982). Alegría es autora de varios libros de
poesía, entre ellos* Suma y sigue *(1981) y la novela* Album familiar
(1982).

*El Salvador, un país de cuatro millones y medio de habitantes que
se arreciman en un mínimo espacio geográfico, ha estado controlado
hasta muy recientemente por las llamadas "Catorce Familias", dueños
de las haciendas más extensas y productivas de la nación. Este grupo,
compuesto en la realidad por más de catorce, ha monopolizado desde
hace un siglo la industria del café, el producto principal de El Salvador y del que depende un 60% de la población. Factores como una
fuerte desigualdad de la riqueza, la dependencia económica de un solo
producto, la falta de reforma agraria, y la gran densidad de población
han dado lugar a la Guerra Civil que asola el país desde 1980.*

En su poema Flores del volcán *Claribel Alegría se remonta en la
historia de El Salvador, viéndola como una sucesión de matanzas que
se repiten inexorablemente en el tiempo. El poema recuerda los ritos
sangrientos de la cultura precolombina y la matanza de 1932 en la cual
fueron ametrallados por el ejército 34.000 campesinos de la región de
Izalco. Alegría alerta sobre estas olas de violencia cíclicas que amena-
zan a El Salvador.*

A Roberto y Ana María

Catorce volcanes se levantan
en mi país memoria
en mi país de mito
que día a día invento
5   catorce volcanes de follaje y piedra

donde nubes extrañas se detienen
y a veces el chillido°   *cry*
de un pájaro extraviado.°   *lost*
¿Quién dijo que era verde mi país?
10 es más rojo
es más gris
es más violento:
el Izalco que ruge
exigiendo más vidas
15 los eternos chacmol[1]
que recogen° la sangre   *gather*
y los que beben sangre
del chacmol
y los huérfanos° grises   *orphans*
20 y el volcán babeando°   *slavering*
toda esa lava incandescente
y el guerrillero muerto
y los mil rostros traicionados°   *betrayed*
y los niños que miran
25 para contar la historia.
No nos quedó ni un reino°   *not a single*
uno a uno cayeron   *kingdom was left*
a lo largo de América   *to us*
el acero° sonaba   *sword*
30 en los palacios — reyes
en las calles
en los bosques
y saqueaban el templo   *(that is, the Spanish*
los centauros°   *conquerors)*
35 y se alejaba° el oro   *went far away*
y se sigue alejando
en barcos yanquis
el oro del café
mezclado° con la sangre   *mixed*
40 mezclado con el látigo°   *whip*
y la sangre.
El sacerdote° huía   *priest*
dando gritos
en medio de la noche
45 convocaba a sus fieles

---

1. Here referring to the stone representation of Chac,
the Mayan-Toltec god of rain, thunder and
lightning, usually shown lying on his back in a
tuck position and holding a plate on his stomach.
The hearts and organs of human sacrificial victims
placed on the plate were believed to please Chac and
to secure a bountiful harvest.

y abrían el pecho de un guerrero
para ofrecerle al Chac
su corazón humeante.
Nadie cree en Izalco
50 que Tlaloc° esté muerto   *(Aztec god of rain)*
por más° televisores   *no matter how many*
heladeras°   *refrigerators*
toyotas
el ciclo ya se acerca[1]
55 es extraño el silencio del volcán
desde que dejó de respirar
Centroamérica tiembla
se derrumbó Managua
se hundió la tierra en Guatemala
60 el huracán Fifí
arrasó° con Honduras   *leveled*
dicen que los yanquis lo desviaron
que iba hacia Florida
y lo desviaron
65 el oro del café
desembarca en New York
allí lo tuestan°   *roast*
lo trituran°   *grind*
lo envasan
70 y le ponen un precio.
"Siete de junio
noche fatal
bailando el tango
la capital."°   *(lyrics from popular*
75 Desde la terraza ensombrecida   *song about a 1917*
se domina el volcán San Salvador   *earthquake)*
le suben por los flancos
mansiones de dos pisos
protegidas por muros
80 de cuatro metros de alto
le suben rejas y jardines
con rosas de Inglaterra
y araucarias enanas°   *(a type of dwarf*
y pinos de Uruguay   *plant native to*
85 un poco más arriba   *South America and*
ya en el cráter   *Australia)*
hundidos en el cráter

---

1. In the ancient Aztec view of creation there had been
   three or four previous worlds, each destroyed by one
   particular force. It was believed that the present
   world would be destroyed by an earthquake.

viven gentes del pueblo
que cultivan sus flores
90 y envían a sus niños a venderlas.
El ciclo ya se acerca
las flores cuscatlecas[1]
se llevan bien° con la ceniza°   *thrive / (that is,*
crecen grandes y fuertes   *volcanic ash)*
95 y lustrosas
bajan los niños del volcán
bajan como la lava
con sus ramos° de flores   *bunches*
como raíces° bajan   *roots*
100 como ríos
se va acercando el ciclo
los que viven en casas de dos pisos
protegidas del robo por los muros
se asoman° al balcón   *look out from*
105 ven esa ola° roja   *wave*
que desciende
y ahogan en whisky su temor
sólo son pobres niños
con flores del volcán
110 con jacintos
y pascuas
y mulatas°   *hyacinths, poinsettias, and*
pero crece la ola   *the large flower of the Mulato*
que se los va a tragar   *tree (all red in color)*
115 porque el chacmol de turno°   *now on duty*
sigue exigiendo sangre
porque se acerca el ciclo
porque Tlaloc no ha muerto.

A. Comprensión

Complete las frases siguientes.

1. Según el poema, El Salvador es un país. . . .
2. Cuando el volcán pide más vidas, ...
3. En el pasado los indios veían a los invasores como. . . .
4. Según el poema los yanquis. . . .
5. Los que viven hoy día en las mansiones no están muy tranquilos porque. . . .
6. La gente del pueblo envía a sus hijos a. . . .

---

1. Cuscatlán was the Indian name for the western
   region of present day El Salvador.

B. Análisis del texto

1. Según el poema, ¿cuáles son las características más sobresalientes de los ciclos históricos de El Salvador: los reinos indios, la conquista española y la dominación económica norteamericana?

2. Especifique la importancia que tienen Chac y Tlalóc en estos ciclos.

3. Según el poema, ¿qué contradicciones caracterizan a la sociedad actual de El Salvador?

4. ¿Por qué es significativo que Alegría sitúe el poema en el pueblo de Izalco? ¿Por qué coloca ella a la gente del pueblo en el cráter de un volcán y no en un bosque, un pueblo u otro lugar?

5. Según el poema, ¿qué tipo de plantas se cultivan alrededor de las casas de dos pisos? ¿Por qué hace mención Alegría de esas plantas?

6. ¿Qué representan las flores que cultiva la gente del volcán? ¿Por qué es significativo que las vendan los niños?

7. ¿Qué indicios da Alegría que un nuevo ciclo de violencia está por comenzar? ¿Cómo será este ciclo parecido a los anteriores? ¿De qué forma será distinto a los anteriores?

C. Conversación

1. Según la historiografía tradicional, ¿cuáles son las fuentes de información más importantes para la interpretación del pasado? ¿Qué grupos sociales reciben más atención cuando se emplean tales fuentes?

2. Alegría sugiere que hay otra manera de interpretar los hechos del pasado. ¿Qué elementos incluye ella en el poema que no son típicos de la historiografía tradicional? ¿Qué grupos sociales reciben más atención según su análisis?

3. Si los intelectuales escriben documentos y libros sobre el pasado y el presente de El Salvador, ¿por qué serían necesarios "los niños que miran / para contar la historia"?

4. Comente lo que los parientes de Ud. le hayan dicho sobre el período histórico que ellos han vivido. ¿Cómo es esta información diferente de o similar a las lecciones de historia que Ud. recibió en la escuela? ¿A qué atribuye Ud. estas semejanzas o diferencias?

D. Temas de composición e investigación

1. "Flores del volcán": la integración de elementos míticos a la interpretación de la realidad histórica.

2. El testimonio de la gente común: ¿qué valor tiene para el/la historiador/a?

3. Los estudios sobre el conflicto en El Salvador: interpretaciones diferentes de los mismos hechos.

Bibliografía breve

Armstrong, Robert and Janet Shenk. *El Salvador: The Face of Revolution.* Boston: South End Press, 1982.

Baloyra, Enrique. *El Salvador in Transition.* Chapel Hill: Univ. of North Carolina Press, 1982.

Gettleman, Marvin E., et al., eds. *El Salvador: Central America in the New Cold War.* New York: Grove Press, 1981.

Meislin, Richard J. "El Salvador: The State of Siege Continues." *New York Times Magazine,* 20 February 1983, pp. 34–54.

Revolution and Intervention in Central America. Contemporary Marxism, 3 (1981).

14. El hombre que se convirtió en perro
Osvaldo Dragún

Vocabulario

Estudie las siguientes palabras que son necesarias para la comprensión del texto.

Sustantivos

el albañil bricklayer
la fábrica factory
el hueso bone
el obrero laborer
el patrón employer, boss
la perrera dog pound, kennel
el sereno night watchman
el tornero lathe operator, machinist

Verbos

agacharse to crouch or stoop
ladrar to bark
morder to bite
señalar to point

Expresiones

andar en cuatro patas to walk on all fours
dar vueltas to go around in circles
ponerse de pie to stand up
ser despedido/a to be fired

Ejercicios de prelectura

Para la realización de los ejercicios siguientes, es necesario conocer el vocabulario y las expresiones de la sección anterior.

A. Conteste las siguientes preguntas.

1. ¿Cuál no trabaja en una fábrica?
   el tornero, el obrero, el sereno, el hueso
2. ¿Cuál no recibe órdenes de otra persona?
   el estudiante, el soldado, el patrón, el obrero
3. ¿Cuál no es parte de la vida de un perro?
   el hueso, el albañil, la casilla, la perrera
4. ¿Qué actividad no es característica del perro?
   el andar en cuatro patas, el ladrar, el ser despedido, el morder

B. **Acotaciones.** El dramaturgo que quiere especificar cómo, cuándo y hacia dónde deben moverse los actores incluye en su obra una serie de indicaciones escénicas o *acotaciones.* Por lo general éstas se expresan en la tercera persona del presente: *entra; salen; se pone de pie.*

Lea el siguiente diálogo y después llene los blancos con una acotación apropiada de la lista a la derecha. Use la forma correcta de cada verbo.

(Dos compañeras estudian en su cuarto)

Carmen:	*(sentada al escritorio)* ¡Qué calor hace en este cuarto! (*. . . la ventana)* Estela, ¿por qué no la abres para que entre un poco de aire?	dar vueltas agacharse ir hacia señalar
Estela:	*(recostada en la cama)* Buena idea. *(. . . y . . . la ventana.)* El cuarto está hecho un horno. *(Abre la ventana.)*	caer al suelo ponerse de pie
Carmen:	¡Ay! ¡El viento se lleva mi tarea! *(Varios papeles . . .)*	
Estela:	No te preocupes. *(Cruza el cuarto, . . . y recoge los papeles. Después . . . y . . . para mirar alrededor suyo.)* ¿Hay otros?	
Carmen:	No, los tienes todos. Gracias, ¿eh?	
Estela:	*(Da los papeles a Carmen)* De nada, mujer.	

El hombre que se convirtió en perro
Osvaldo Dragún

Nacido en 1929, el dramaturgo argentino Osvaldo Dragún es autor de varias piezas de teatro entre las cuales se destacan Historias para ser contadas *(1956),* Milagro en el mercado viejo *(1963) y* Heroica de Buenos Aires *(1965).*

En los países de Hispanoamérica los programas de expansión industrial no han producido el milagro económico tan deseado por los gobiernos y la gente del hemisferio. Factores tales como la falta de empleos, la demanda de productos importados, el rápido aumento de la población, la dependencia de préstamos obtenidos de los países más desarrollados y los beneficios que van a parar a manos de compañías extranjeras dentro del bloque hispano, han prohibido que la industrialización resuelva los problemas económicos de la región. Consciente de esta dura realidad, el argentino Osvaldo Dragún califica de trágica la situación económica de su país y la ciudad en que vive, Buenos Aires. Su drama El hombre que se convirtió en perro, *que en esta antología se presenta en su totalidad, gira alrededor de un hombre que no encuentra trabajo y que con el tiempo pierde la dignidad y la esperanza.*

Presentada por primera vez en 1956, la obra de Dragún pertenece a la antigua tradición de teatro popular. No hay escenario, y los actores, colocados cerca de, o entre, el público, usan ropa ordinaria. Participan cuatro actores en total, tres hombres y una mujer. El Actor 1 desempeña el papel del hombre-perro, mientras que los Actores 2 y 3 son amigos del protagonista, miembros del coro, y varios personajes menores. La Actriz es en diferentes momentos la esposa del hombre-perro, una amiga suya y miembro del coro que repite o comenta frases claves de la obra.

ACTOR 2 —Amigos, la tercera historia vamos a contarla así. . .[1]

ACTOR 3 —Así como nos la contaron esta tarde a nosotros.

5 ACTRIZ —Es la "Historia del hombre que se convirtió en perro".

ACTOR 3 —Empezó hace dos años, en el banco° de una plaza. Allí, señor . . . , donde usted trataba hoy de adivinar el secreto de 10 una hoja.°

bench

(that is, you were lost in thought)

---

1. The play is the third in Dragún's trilogy, *Historias para ser contadas.*

ACTRIZ —Allí, donde extendiendo los brazos apretamos al mundo por la cabeza y los pies, y le decimos: ¡suena, acordeón, suena!° *(that is, we make great plans for our lives)*

ACTOR 2 —Allí le conocimos. *Entra el Actor*
15 *1.)* Era . . . *(Lo señala.)* . . . así como lo ven, nada más. Y estaba muy triste.

ACTRIZ —Fue nuestro amigo. Él buscaba trabajo, y nosotros éramos actores.

ACTOR 3 —Él debía mantener a su mujer, y
20 nosotros éramos actores.

ACTOR 2 —Él soñaba con la vida, y despertaba gritando por la noche. Y nosotros éramos actores.

ACTRIZ —Fue nuestro amigo, claro. Así
25 como lo ven . . . *(Lo señala.)* Nada más.

TODOS —¡Y estaba muy triste!

ACTOR 3 —Pasó el tiempo. El otoño. . .

ACTOR 2 —El verano. . .

ACTRIZ —El invierno. . .
30 ACTOR 1 —La primavera. . .

ACTOR 1 —¡Mentira! Nunca tuve primavera.° *(that is, I was never young or carefree)*

ACTOR 2 —El otoño. . .

ACTRIZ —El invierno. . .
35 ACTOR 3 —El verano. Y volvimos. Y fuimos a visitarlo, porque era nuestro amigo.

ACTOR 2 —Y preguntamos: ¿Está bien? Y su mujer nos dijo. . .

ACTRIZ —No sé. . .
40 ACTOR 3 —¿Está mal?

ACTRIZ —No sé.

ACTORES 2 Y 3 —¿Dónde está?

ACTRIZ —En la perrera. *(Actor 1 en cuatro patas.)*
45 ACTORES 2 Y 3 —¡Uhhh!

ACTOR 3 —*(Observándolo.)*
Soy el director de la perrera,
y esto me parece fenomenal.
Llegó ladrando como un perro
50 (requisito° principal); *requirement*
y si bien conserva el traje,° *even if he still wears men's clothes*
es un perro, a no dudar.

ACTOR 2 —*(Tartamudeando.°)* *stuttering*
S-s-soy el v-veter-rinario,
55 y esto-to-to es c-claro p-para mí.
Aun-que p-parezca un ho-hombre,
es un p-pe-perro el q-que está aquí.

ACTOR 1   —(Al público.) Y yo, ¿qué les puedo
decir? No sé si soy hombre o perro. Y creo que
60 ni siquiera ustedes podrán decírmelo al final.
Porque todo empezó de la manera más co-
rriente.° Fui a una fábrica a buscar trabajo.   *ordinary*
Hacía tres meses que no conseguía nada, y
fui a buscar trabajo.

65 ACTOR 3   —¿No leyó el letrero°? "NO HAY   *sign*
VACANTES".

ACTOR 1   —Sí, lo leí. ¿No tiene nada para mí?

ACTOR 3   —Si dice "No hay vacantes", no
hay.

70 ACTOR 1   —Claro. ¿No tiene nada para mí?

ACTOR 3   —¡Ni para usted, ni para el minis-
tro!

ACTOR 1   —¡Ahá! ¿No tiene nada para mí?

ACTOR 3   —¡NO!

75 ACTOR 1   —Tornero. . .

ACTOR 3   —¡NO!

ACTOR 1   —Mecánico. . .

ACTOR 3   —¡NO!

ACTOR 1   —S. . .

80 ACTOR 3   —N. . .

ACTOR 1   —R. . .

ACTOR 3   —N. . .

ACTOR 1   —F. . .

ACTOR 3   —N. . .[1]

85 ACTOR 1   —¡Sereno! ¡Sereno! ¡Aunque sea de
sereno!

ACTRIZ   —(Como si tocara un clarín.°) ¡Tutú,   *trumpet*
tu-tu-tú! ¡El patrón! (Los actores 2 y 3 hablan
por señas.°)   *communicate*
                                                  through gestures
90 ACTOR 3   —(Al público.) El perro del sereno,
señores, había muerto la noche anterior, luego
de veinticinco años de lealtad.°   *loyalty*

ACTOR 2   —Era un perro muy viejo.

ACTRIZ   —Amén.

95 ACTOR 2   —(Al Actor 1.) ¿Sabe ladrar?

ACTOR 1   —Tornero.

ACTOR 2   —¿Sabe ladrar?

ACTOR 1   —Mecánico. . .

ACTOR 2   —¿Sabe ladrar?

---

1. Every time Actor 1 suggests a job he can do, the
   foreman (Actor 3) replies that there is no work. The
   exchange is very rapid and neither actor has a
   chance to complete his words.

100 ACTOR 1   —Albañil. . .

ACTORES 2 Y 3   —¡NO HAY VACANTES!

ACTOR 1   —*(Pausa.)* ¡Guau . . . guau! . . .°   *bow-wow*

ACTOR 2   —Muy bien, lo felicito. . .

ACTOR 3   —Le asignamos diez pesos diarios
105 de sueldo,° la casilla y la comida.   *salary*

ACTOR 2   —Como ven, ganaba diez pesos
más que el perro verdadero.

ACTRIZ   —Cuando volvió a casa me contó del
empleo conseguido. Estaba borracho.°   *drunk*

110 ACTOR 1   —*(A su mujer.)* Pero me prome-
tieron que apenas° un obrero se jubilara,°   *as soon as / retired*
muriera o fuera despedido me darían su
puesto. ¡Divertíte, María, divertíte![1] ¡Guau
. . . guau! ¡Divertíte, María, divertíte!

115 ACTORES 2 Y 3   —¡Guau . . . guau! . . .
¡Divertíte, María, divertíte!

ACTRIZ   —Estaba borracho, pobre. . .

ACTOR 1   —Y a la otra noche° empecé a tra-   *the next night*
bajar . . . *(Se agacha en cuatro patas.)*

120 ACTOR 2   —¿Tan chica le queda la casilla?

ACTOR 1   —No puedo agacharme tanto.

ACTOR 3   —¿Le aprieta° aquí?   *is it tight*

ACTOR 1   —Sí.

ACTOR 3   —Bueno, pero vea, no me diga "sí".
125 Tiene que empezar a acostumbrarse.°   *get used to it*
Dígame: ¡Guau . . . guau!

ACTOR 2   —¿Le aprieta aquí? *(El Actor 1 no
responde.)* ¿Le aprieta aquí?

ACTOR 1   —¡Guau . . . guau!. . .

130 ACTOR 2   —Y bueno . . . *(Sale.)*

ACTOR 1   —Pero esa noche llovió, y tuve que
meterme en la casilla.

ACTOR 2   —*(al Actor 1)* Ya no le aprieta. . .

ACTOR 3   —Y está en la casilla.

135 ACTOR 2   —*(al Actor 1)* ¿Vio como uno se
acostumbra a todo?

ACTRIZ   —Uno se acostumbra a todo. . .

ACTORES 2 Y 3   —Amén. . .

ACTRIZ   —Y él empezó a acostumbrarse.

140 ACTOR 3   —Entonces, cuando vea que
alguien entra, me grita:° ¡Guau . . . guau! A   *you must yell for me*
ver°. . .   *let's see*

---

1. Here Actor 1 uses the *vos* form, an equivalent of *tú.*

ACTOR 1   —*(El Actor 2 pasa corriendo.)* ¡Guau   stealthily
. . . guau! . . . *(El Actor 2 pasa sigilosamente.°)*
145 ¡Guau . . . guau! . . . *(El actor 2 pasa*
agachado.) ¡Guau . . . guau . . . guau! . . .
(Sale.)
ACTOR 3   —*(al Actor 2)* Son diez pesos por día
extras en nuestro presupuesto°. . .   budget
150 ACTOR 2   —¡Mmm!
ACTOR 3   —. . . pero la aplicación que pone el
pobre,° los merece°. . .   the poor guy tries so
ACTOR 2   —¡Mmm!   hard / deserves
ACTOR 2   —Además, no come más que el
155 muerto°. . .   (that is, the previous
ACTOR 2   —¡Mmm!   dog)
ACTOR 3   —¡Debemos ayudar a su familia!
ACTOR 2   —¡Mmm! ¡Mmm! ¡Mmm! *(Salen.)*
ACTRIZ   —Sin embargo, yo lo veía muy
160 triste, y trataba de consolarlo cuando él
volvía a casa. *(Entra Actor 1.)* ¡Hoy vinieron
visitas! . . .
ACTOR 1   —¿Sí?
ACTRIZ   —Y de los bailes en el club, ¿te acor-
165 dás?
ACTOR 1   —Sí.
ACTRIZ   —¿Cuál era nuestro tango?
ACTOR 1   —No sé.
ACTRIZ   —¡Cómo que no!° "Percata que me   what do you mean
170 amuraste[1] . . ." *(El Actor 1 está en cuatro*   you don't know
patas.) Y un día me trajiste un clavel°. . . *(Lo*   carnation
mira, y queda horrorizada.) ¿Qué estás
haciendo?
ACTOR 1   —¿Qué?
175 ACTRIZ   —Estás en cuatro patas . . . *(Sale.)*
ACTOR 1   —¡Esto no lo aguanto° más! ¡Voy a   tolerate
hablar con el patrón! *(Entran los Actores 2 y 3.)*
ACTOR 3   —Es que no hay otra cosa. . .
ACTOR 1   —Me dijeron que un viejo se murió.
180 ACTOR 3   —Sí, pero estamos de economía.°   on a tight budget
Espere un tiempito más, ¿eh?
ACTRIZ   —Y esperó. Volvió a los tres meses.
ACTOR 1   —*(al Actor 2)* Me dijeron que uno se
jubiló. . .
185 ACTOR 2   —Sí, pero pensamos cerrar esa sec-
ción. Espere un tiempito más, ¿eh?
ACTRIZ   —Y esperó. Volvió a los dos meses.

---

1. "See how you have imprisoned me. . ." (lyrics from
    the tango).

ACTOR 1 —(al Actor 3) Deme el empleo de uno de los que echaron por la huelga°. . .   *strike*

190 ACTOR 3 —Imposible. Sus puestos quedarán vacantes. . .

ACTORES 2 Y 3 —¡Como castigo°! *(Salen.)*   *punishment*

ACTOR 1 —Entonces no pude aguantar más. . . ¡y planté!°   *balked (that is, quit)*

195 ACTRIZ —Fue nuestra noche más feliz en mucho tiempo. *(Lo toma del brazo.)* ¿Cómo se llama esta flor?

ACTOR 1 —Flor. . .

ACTRIZ —¿Y cómo se llama esa estrella?

200 ACTOR 1 —María.

ACTRIZ —*(Ríe.)* ¡María me llamo yo!

ACTOR 1 —¡Ella también . . . ella también! *(Le toma una mano y la besa.)*

ACTRIZ —*(Retira la mano.)* ¡No me muerdas!

205 ACTOR 1 —No te iba a morder. . . Te iba a besar, María. . .

ACTRIZ —¡Ah!, yo creía que me ibas a morder . . . *(Sale. Entran los Actores 2 y 3.)*

ACTOR 2 —Por supuesto°. . .   *Of course*

210 ACTOR 3 —. . . a la mañana siguiente. . .

ACTORES 2 Y 3 —Debió volver a buscar trabajo.

ACTOR 1 —Recorrí varias partes, hasta que en una. . .

215 ACTOR 3 —Vea, este° . . . no tenemos nada. Salvo que°. . .   *um (pause word)* / *except*

ACTOR 1 —¿Qué?

ACTOR 3 —Anoche murió el perro del sereno.

ACTOR 2 —Tenía treinta y cinco años, el 220 pobre. . .

ACTORES 2 Y 3 —¡El pobre! . . .

ACTOR 1 —Y tuve que volver a aceptar.

ACTOR 2 —Eso sí, le pagábamos quince pesos por día. *(Los Actores 2 y 3 dan vueltas.)* 225 ¡Hmm! . . . ¡Hmmm! . . . ¡Hmmm! . . .

ACTORES 2 Y 3 —¡Aceptado! ¡Qué sean quince!° *(Salen.)*   *15 (pesos) it will be*

ACTRIZ —*(Entra.)* Claro que 450 pesos no nos alcanza° para pagar el alquiler°. . .   *won't be enough / rent*

230 ACTOR 1 —Mirá, como yo tengo la casilla, mudáte vos° a una pieza° con cuatro o cinco muchachas más, ¿eh?   *you move / apartment*

ACTRIZ —No hay otra solución. Y como no nos alcanza tampoco para comer. . .

235 ACTOR 1   —Mirá, como yo me acostumbré al
hueso, te voy a traer la carne a vos, ¿eh?
ACTORES 2 Y 3   —*(Entrando.)* ¡El directorio
accedió!°   *board of directors*
ACTOR 1 Y ACTRIZ   —El directorio accedió . . .   *agreed (to hire you)*
240 ¡Loado sea!° *(Salen los Actores 2 y 3.)*   *praise be*
ACTOR 1   —Yo ya me había acostumbrado.
La casilla me parecía más grande. Andar en
cuatro patas no era muy diferente de andar
en dos. Con María nos veíamos en la plaza . . .
245 *(Va hacia ella.)* Porque vos no podés entrar en
mi casilla; y como yo no puedo entrar en tu
pieza. . . Hasta que una noche. . .
ACTRIZ   —Paseábamos.° Y de repente° me   *we were strolling /*
sentí mal. . .   *suddenly*
250 ACTOR 1   —¿Qué te pasa?
ACTRIZ   —Tengo mareos.°   *I feel dizzy*
ACTOR 1   —¿Por qué?
ACTRIZ   —*(Llorando.)* Me parece . . . que voy
a tener un hijo. . .
255 ACTOR 1   —¿Y por eso llorás?
ACTRIZ   —¡Tengo miedo . . . , tengo miedo!
ACTOR 1   —Pero, ¿por qué?
ACTRIZ   —¡Tengo miedo . . . , tengo miedo!
¡No quiero tener un hijo!
260 ACTOR 1   —¿Por qué, María? ¿Por qué?
ACTRIZ   —Tengo miedo . . . que sea . . .
(Musita° "perro". *El Actor 1 la mira aterrado,*   *mumbles*
y sale corriendo y ladrando. Cae al suelo. Ella
se pone de pie.) ¡Se fue . . . , se fue corriendo!
265 A veces se paraba,° y a veces corría en cuatro   *stood upright*
patas. . .
ACTOR 1   —¡No es cierto, no me paraba! ¡No
podía pararme! ¡Me dolía la cintura° si me   *my waist hurt*
paraba! ¡Guau! . . . Los coches se me venían
270 encima°. . . La gente me miraba . . . *(Entran*   *were coming*
los Actores 2 y 3.) ¡Váyanse! ¿Nunca vieron   *straight at me*
un perro?
ACTOR 2   —¡Está loco! ¡Llamen a un médico!
(Sale.)
275 ACTOR 3   —¡Está borracho! ¡Llamen a un
policía! *(Sale.)*
ACTRIZ   —Después me dijeron que un hom-
bre se apiadó de° él, y se le acercó cariñosa-   *took pity on*
mente.
280 ACTOR 2   —*(Entra.)* ¿Se siente mal, amigo?
No puede quedarse en cuatro patas. ¿Sabe

cuántas cosas hermosas hay para ver, de pie,
con los ojos hacia arriba? A ver, párese. . . Yo
lo ayudo. . . Vamos, párese. . .

285 ACTOR 1 —*(comienza a pararse, y de repente)*:
¡Guau . . . guau! . . . *(Lo muerde.)* ¡Guau . . .
guau! . . . *(Sale.)*

ACTOR 3 —*(Entra.)* En fin, que cuando, después de dos años sin verlo, le preguntamos a
290 su mujer "¿Cómo está?", nos contestó. . .

ACTRIZ —No sé.

ACTOR 2 —¿Está bien?

ACTRIZ —No sé.

ACTOR 3 —¿Está mal?

295 ACTRIZ —No sé.

ACTORES 2 Y 3 —¿Dónde está?

ACTRIZ —En la perrera.

ACTOR 3 —Y cuando veníamos para acá,
pasó al lado nuestro un boxeador. . .

300 ACTOR 2 —Y nos dijeron que no sabía leer,
pero que eso no importaba porque era boxeador.

ACTOR 3 —Y pasó un conscripto°. . .   draftee

ACTRIZ —Y pasó un policía. . .

305 ACTOR 2 —Y pasaron. . ., y pasaron. . ., y
pasaron ustedes. Y pensamos que tal vez
podría importarles° la historia de nuestro   could be important
amigo. . .   to you

ACTRIZ —Porque tal vez entre ustedes haya
310 ahora una mujer que piense: "¿No tendré. . .,
no tendré. . . ?" *(Musita: "perro".)*

ACTOR 3 —O alguien a quien le hayan ofre-
cido el empleo del perro del sereno. . .

ACTRIZ —Si no es así, nos alegramos.

315 ACTOR 2 —Pero si es así, si entre ustedes
hay alguno a quien quieran convertir en
perro, como a nuestro amigo, entonces. . .
Pero bueno, entonces ésa . . . ¡ésa es otra historia!

Telón

A. *Comprensión*

Lea las frases siguientes y decida si son ciertas o falsas. Si son
falsas, cambie las palabras en cursiva para hacer una afirmación
correcta.

1. El hombre que se convirtió en perro es *pariente de los actores
y amigo de María.*
2. El hombre necesita encontrar *trabajo.*

3. Él consigue *el puesto de sereno* en una fábrica.
4. Le dan un *sueldo bueno, la casilla y comida.*
5. Muy pronto *se acostumbra* a su condición de perro y hace el trabajo *muy bien.*
6. Al hombre-perro *le gusta* el trabajo y *quiere continuarlo.*
7. María teme que su esposo *la vaya a morder* cuando en realidad la quiere besar.
8. El hombre-perro encuentra otro trabajo *mucho mejor* que el primero.
9. María va a vivir en una pieza *con su esposo.*
10. Ella *está muy contenta* porque va a tener un hijo.
11. El hombre-perro *no puede recobrar la dignidad,* y por esa razón se va a vivir *a la perrera.*
12. Los actores creen que la historia del hombre-perro es *única y extraña.*

B. Análisis del texto

1. ¿Qué representa la transformación del obrero en perro?
2. Mencione los episodios que en la obra describen la transformación gradual del personaje principal. Describa los cambios que se perciben en la personalidad del protagonista.
3. ¿Qué técnica emplea el autor para reducir el elemento de sorpresa en la obra? ¿Por qué?
4. El autor emplea en esta obra diversas técnicas no realistas; por ejemplo cada actor representa a más de un personaje y los personajes se dirigen al público. ¿Qué efecto producen estos elementos en el público?
5. Al final los actores se dirigen al público, diciendo que la historia de su amigo puede importarnos. ¿Qué mensaje nos dan?

C. Conversación

1. ¿Es común el desempleo en la sociedad de Ud.? Comente (a) el número aproximado de personas desempleadas, (b) quiénes son los grupos más afectados y (c) algunos de los problemas sociales causados por el desempleo en su país.
2. Comente los aspectos de la lista siguiente que hacen comparable la historia del cuento a la realidad de su país.
   a. El salario no alcanza para vivir bien.
   b. El trabajador cambia de personalidad para complacer a sus jefes.
   c. El trabajador llega a ser dócil por miedo de perder el puesto.
3. Describa la correspondencia entre los cambios en la tecnología moderna y las ofertas de trabajo en la actualidad.
4. ¿Qué tipo de trabajo espera Ud. encontrar en el futuro? ¿Se siente optimista o pesimista hacia ese porvenir? ¿Por qué?

D. Temas de composición e investigación

1. Los elementos no realistas de "El hombre que se convirtió en perro" y la creación de un público pensador.
2. Las condiciones de trabajo contemporáneas: análisis de una experiencia personal.
3. La industrialización y el obrero hispanoamericano.

Bibliografía breve

Alba, Víctor. *Politics and the Labor Movement in Latin America.* Stanford: Stanford Univ. Press, 1969.

Ehrenreich, Barbara and Annette Fuentes. "Life on the Global Assembly Line." *Ms. Magazine,* 9 (1981), 53–71.

Nash, June, Juan Corradi and H. A. Spaulding. *Ideology and Social Change in Latin America.* New York: Gordon and Breach, 1977.

Petras, James. *Critical Perspectives on Imperialism and Social Change in the Third World.* New York: Monthly Review Press, 1978.

Spaulding, H. A. *Organized Labor in Latin America: Historical Case Studies of Workers in Dependent Societies.* New York: New York Univ. Press, 1977.

---

15. Redoble por Rancas
Manuel Scorza

Vocabulario

Estudie las siguientes palabras que son necesarias para la comprensión del texto.

Sustantivos

el bochinche commotion, uproar
el coraje courage, spunk
el crepúsculo twilight
la chiquillería crowd of noisy children
el forastero, el fuereño stranger, outsider
la fulguración brilliance, gleam
el rapaz youngster
el redoble drumroll

Adjetivos

borracho / a drunk
borrascoso / a stormy
ebrio / a drunk

Verbos

escalofriarse to shiver with fright
extraviar to lose, misplace

Expresiones

acostumbrarse a to become accustomed to
atreverse a to dare
apoderarse de to seize, get hold of
deslizarse de to slip out of
enfilarse hacia to head towards
enterarse de to find out

Ejercicios de prelectura

Para la realización de los ejercicios siguientes, es necesario conocer el vocabulario y las expresiones presentadas en la sección anterior.

A. Escoja la palabra apropiada de la lista a la derecha de la página para completar cada frase. Use la forma correcta de la palabra.

1. La . . . del pueblo acostumbraba jugar bajo mi balcón precisamente a la hora de la siesta.
2. El barro se fue . . . montaña abajo y cubrió todo el pueblo.
3. Si nos hubiéramos . . . que era tu cumpleaños te habríamos comprado un regalo.
4. Aquel . . . se acercó a mi mesa, . . . la fruta, y salió tranquilamente del restaurante.
5. Se oyó el . . . del tambor, y los soldados . . . el norte.

redoble
enfilar hacia
enterarse de
chiquillería
rapaz
apoderarse de
deslizar

B. Indique si las palabras de cada par son similares o diferentes. Si son diferentes, explique el significado de cada una.

1. el bochinche—el silencio
2. extraviar—perder
3. borrascoso—tranquilo
4. coraje—cobardía
5. la fulguración—la brillantez
6. el fuereño—el forastero
7. escalofriarse—sudar
8. el crepúsculo—la medianoche
9. atreverse a—acostumbrarse a

C. Prosopopeya. La prosopopeya es una técnica literaria que consiste en atribuir cualidades humanas, como la palabra y el sentimiento, a las cosas inanimadas, animales e ideas abstractas. La *prosopopeya* se usa para reforzar ciertas sensaciones y dramatizar la acción.

Lea los siguientes ejemplos de prosopopeya y elija la frase que mejor explica su significado.

1. La noche exhaló un caballo. En otras palabras,
   a. el caballo emergió de la oscuridad
   b. el caballo no podía respirar bien el aire nocturno
   c. era una noche llena de misterio

2. El coraje de Juan se detuvo en esa frontera. Es decir,
   a. no había límite al coraje de Juan
   b. Juan era valiente pero sólo hasta cierto punto
   c. Juan temía cruzar la frontera
3. Las casas se escalofriaron con la noticia. En otras palabras,
   a. la noticia causó miedo
   b. hacía mucho frío al llegar la noticia
   c. solamente los que estaban en casa fueron afectados por la noticia
4. La cantina vomitó un racimo de borrachos. Es decir,
   a. los ebrios salieron a la calle uno por uno
   b. un grupo de ebrios dejó la cantina todos a la vez
   c. los ebrios se enfermaron al salir a la calle

Redoble por Rancas
Manuel Scorza

Manuel Scorza, poeta y novelista peruano nacido en 1928, es autor de un ciclo de cinco novelas célebres: Redoble por Rancas; Garabombo, el Invisible; El jinete insomne; Cantar de Agapito Robles *y* La tumba del relámpago, *todas publicadas entre 1970 y 1979. A la vez independientes y ligadas entre sí, las cinco obras recrean la reciente historia política de la sierra peruana desde el punto de vista del campesino o comunero indio.*

El Perú posee una geografía marcadamente diferente en tres regiones: la costa, la sierra y la selva. De las tres zonas, la sierra es la más habitada, pero también la de mayor pobreza. Históricamente las mejores tierras de la sierra han pertenecido a un grupo de familias ricas de ascendencia europea, y a corporaciones trasnacionales como la International Petroleum Company, la Cerro de Pasco Corporation, y W. R. Grace and Company. Junto a ellos, las tierras pobres han sido ocupadas por la población india, malnutrida, analfabeta y explotada que cultiva las tierras comunales o sirve a los dueños de las grandes haciendas. Hoy día la región está fuertemente controlada por el ejército, pero la extrema pobreza y las infrahumanas condiciones de vida en la sierra han servido de terreno propicio para la creación de algunos grupos como "Sendero Luminoso" de orientación ultra-izquierdista.
Manuel Scorza, habiendo vivido en los pequeños pueblos andinos que figuran en sus novelas, basa su crónica sobre hechos y personajes reales pero descritos con una excelente maestría del estilo imaginativo. En el primer capítulo de Redoble por Rancas, *selección que se incluye en esta antología, Scorza presenta al pueblo de Yanahuanca y al tiránico juez don Francisco Montenegro, relatando cómo una moneda que perdió su Excelencia paralizó a todo el pueblo durante el período de un año.*

Capítulo 1

Donde el zahorí° lector oirá
hablar de cierta celebérrima moneda°

insightful
very famous coin

Por la misma esquina de la plaza de Yana-
5 huanca[1] por donde, andando los tiempos,°
emergía la Guardia de Asalto° para fundar el
segundo cementerio de Chinche, un húmedo
setiembre, el atardecer exhaló un traje negro.
El traje, de seis botones, lucía un chaleco°
10 surcado por la leontina° de oro de un
Longines auténtico. Como todos los atarde-
ceres de los últimos treinta años, el traje des-
cendió a la plaza para iniciar los sesenta
minutos de su imperturbable paseo.
15 Hacia las siete de ese friolento crepúsculo, el traje negro se detuvo, consultó el
Longines y enfiló hacia un caserón° de tres
pisos. Mientras el pie izquierdo se demoraba
en el aire y el derecho oprimía el segundo de
20 los tres escalones que unen la plaza al sardinel,° una moneda de bronce se deslizó del
bolsillo izquierdo del pantalón, rodó tinti-
neando y se detuvo en la primera grada.°
Don Herón de los Ríos, el Alcalde,° que hacía
25 rato esperaba lanzar respetuosamente un
sombrerazo,° gritó:—"¡Don Paco, se le ha
caído un sol!°"
El traje negro no se volvió.
El Alcalde de Yanahuanca, los comer-
30 ciantes y la chiquillería se aproximaron.
Encendida por los finales oros del crepúsculo,
la moneda ardía. El Alcalde, oscurecido por
una severidad que no pertenecía al anochecer,
clavó los ojos en la moneda y levantó el
35 índice: "¡Que nadie la toque!"° La noticia se
propaló vertiginosamente. Todas las casas de
la provincia de Yanahuanca se escalofriaron
con la nueva de que° el doctor don Francisco
Montenegro, Juez de Primera Instancia,°
40 había extraviado un sol.
Los amantes del bochinche, los enamorados y los borrachos se desprendieron de° las
primeras oscuridades° para admirarla. "¡Es
el sol del doctor!", susurraban exaltados. Al
45 día siguiente, temprano, los comerciantes de
la plaza la desgastaron° con temerosas mira-

years later
riot police

waistcoat
watch chain

huge house

u-shaped wall or
  structure
step
mayor

wave of his hat
Peruvian coin

let no one touch it!

the news that
lower court judge

came out of
darkness

wore it down

1. Remote Peruvian town.

das. "¡Es el sol del doctor!", se conmovían.
Gravemente instruídos por el Director de la
Escuela—"No vaya a ser que° una impruden-   *one musn't allow*
50 cia conduzca a vuestros padres a la cárcel"—,
los escolares la admiraron al mediodía: la
moneda tomaba sol sobre las mismas desteñi-
das° hojas de eucalipto. Hacia las cuatro, un   *faded*
rapaz de ocho años se atrevió a arañarla° con   *scratch it*
55 un palito: en esa frontera se detuvo el coraje
de la provincia.

Nadie volvió a tocarla durante los doce
meses siguientes.

Sosegada la agitación de las primeras
60 semanas, la provincia se acostumbró a con-
vivir con la moneda. Los comerciantes de la
plaza, responsables de primera línea,° vigila-   *(that is, very*
ban con tentaculares miradas a los curiosos.   *responsible)*
Precaución inútil: el último lameculos de la
65 provincia sabía que apoderarse de esa
moneda, teóricamente equivalente a cinco
galletas de soda o a un puñado de duraznos,°   *fistful of peaches*
significaría algo peor que un carcelazo.° La   *a long stay in jail*
moneda llegó a ser una atracción. El pueblo
70 se acostumbró a salir de paseo para mirarla.
Los enamorados se citaban alrededor de sus
fulguraciones.

El único que no se enteró que en la plaza
de Yanahuanca existía una moneda destinada
75 a probar la honradez de la altiva° provincia   *proud*
fue el doctor Montenegro.

Todos los crepúsculos cumplía° veinte   *(the judge) completed*
vueltas exactas. Todas las tardes repetía los
doscientos cincuenta y seis pasos que consti-
80 tuyen la vuelta del polvoriento cuadrado. A
las cuatro, la plaza hierve,° a las cinco   *buzzes with people*
todavía es un lugar público, pero a las seis es
un desierto. Ninguna ley prohibe pasearse a
esa hora, pero sea porque el cansancio aco-
85 mete° a los paseantes, sea porque sus estó-   *overcomes*
magos reclaman la cena, a las seis la plaza se
deshabita. El medio cuerpo de un hombre
achaparrado,° tripudo,° de pequeños ojos   *stubby / pot-bellied*
extraviados en un rostro cetrino,° emerge a   *sallow*
90 las cinco, al balcón de un caserón de tres pisos
de ventanas siempre veladas por una espesa
neblina de visillos.° Durante sesenta minu-   *thick fog of curtains*
tos, ese caballero casi desprovisto de° labios,   *devoid of*
contempla, absolutamente inmóvil, el desas-

95 tre del sol. ¿Qué comarcas° recorre su *territories*
imaginación? ¿Enumera sus propiedades?
¿Recuenta sus rebaños? ¿Prepara pesadas
condenas?° ¿Visita a sus enemigos? ¡Quién *stiff sentences*
sabe! Cincuenta y nueve minutos después de
100 iniciada su entrevista° solar, el Magistrado *interview*
autoriza a su ojo derecho a consultar el
Longines, baja la escalera, cruza el portón° *large door*
azul y gravemente enfila hacia la plaza. Ya
está deshabitada. Hasta los perros saben que
105 de seis a siete no se ladra allí.

　　Noventa y siete días después del anochecer en que rodó la moneda del doctor, la can-
tina° de don Glicerio Cisneros vomitó un *tavern*
racimo° de borrachos. Mal aconsejado° por *cluster / ill-advised*
110 un aguardiente de culebra° Encarnación *strong, cheap liquor*
López se había propuesto apoderarse de
aquel mitológico sol. Se tambalearon hacia la
plaza. Eran las diez de la noche. Mascu-
llando° obscenidades, Encarnación iluminó el *muttering*
115 sol con su linterna de pilas.° Los ebrios *flashlight*
seguían movimientos imantados.° Encarna- *magnetized*
ción recogió la moneda, la calentó en la palma
de la mano, se la metió en el bolsillo y se
difuminó° bajo la luna. *vanished*
120　　Pasada la resaca,° por los labios de yeso° *hangover / plaster*
de su mujer, Encarnación conoció al día
siguiente el bárbaro tamaño de su coraje.
Entre puertas que se cerraban presurosas se
trastabilló° hacia la plaza, lívido como la *stumbled*
125 cera° de cincuenta centavos que su mujer *wax (candles)*
encendía ante el Señor de los Milagros. Sólo
cuando descubrió que él mismo, sonámbulo,° *sleepwalking*
había depositado la moneda en el primer
escalón,° recuperó el color. *step*
130　　El invierno, las pesadas lluvias, la primavera, el desgarrado° otoño y de nuevo la *shameless*
estación de las heladas circunvalaron la
moneda. Y se dio el caso de que° una provin- *it happened that*
cia cuya desaforada profesión era el abi-
135 geato,° se laqueó de una imprevista honra- *cattle rustling*
dez. Todos sabían que en la plaza de
Yanahuanca existía una moneda idéntica a
cualquier otra circulante, un sol que en el
anverso mostraba el árbol de la quina, la
140 llama y el cuerno de la abundancia del
escudo° de la República y en el reverso *shield*
exhibía la caución moral del Banco de

Reserva del Perú. Pero nadie se atrevía a
tocarla. El repentino° florecimiento de las   *sudden*
145 buenas costumbres inflamó el orgullo de los
viejos. Todas las tardes auscultaban a los
niños que volvían de la escuela, "¿Y la
moneda del doctor?" "¡Sigue en su sitio!"
"Nadie la ha tocado." "Tres arrieros° de Pi-   *mule-drivers*
150 llao° la estuvieron admirando." Los ancianos   *(a town)*
levantaban el índice, con una mezcla de
severidad y orgullo: "¡Así debe ser; la gente
honrada no necesita candados!°"   *padlocks*
A pie o a caballo, la celebridad de la
155 moneda recorrió caseríos desparramados° en   *dispersed*
diez leguas.° Temerosos que una imprudencia   *a unit of measure*
provocara en los pueblos pestes peores que el   *equivalent to 3.5 miles*
mal de ojo,° los Teniente-gobernadores°   *Evil Eye / governor's*
advirtieron, de casa en casa, que en la plaza   *assistants*
160 de Armas de Yanahuanca envejecía una
moneda intocable. ¡No fuera° que algún co-   *heaven forbid*
memierda bajara a la provincia a comprar
fósforos y "descubriera" el sol! La fiesta de
Santa Rosa, el aniversario de la Batalla de
165 Ayacucho, el Día de los Difuntos, la Santa
Navidad, la Misa de Gallo,° el Día de los   *midnight Mass*
Inocentes, el Año Nuevo, la Pascua de
Reyes,° los Carnavales, el Miércoles de   *Epiphany (Jan. 6)*
Ceniza, la Semana Santa, y, de nuevo, el
170 aniversario de la Independencia Nacional
sobrevolaron la moneda. Nadie la tocó. No
bien° llegaban los forasteros, la chiquillería   *no sooner*
los enloquecía: "¡Cuidado, señores, con la
moneda del doctor!" Los fuereños sonreían
175 burlones,° pero la borrascosa cara de los co-   *mockingly*
merciantes los enfriaba. Pero un agente via-
jero, engreído con° la representación de una   *conceited about being*
casa mayorista° de Huancayo (dicho sea de   *wholesale business*
paso:° jamás volvió a recibir una orden de   *incidentally*
180 compra en Yanahuanca) preguntó con una
sonrisita: "¿Cómo sigue de salud la moneda?"
Consagración Mejorada le contestó: "Si
usted no vive aquí, mejor que no abra la
boca". "Yo vivo en cualquier parte", contestó
185 el bellaco,° avanzando. Consagración —que   *scoundrel*
en el nombre llevaba el destino[1]— le trancó°   *blocked*

---

1. The character's first name, which means "to become
well known," was prophetic.

la calle con sus dos metros:° "Atrévase a   *his over-six-foot*
tocarla", tronó. El de la sonrisita se congeló.   *frame*
Consagración, que en el fondo era un cor-
190 dero,° se retiró confuso. En la esquina lo feli-   *lamb*
citó el Alcalde: "¡Así hay que ser: derecho!°"   *firm*
Esa misma noche, en todos los fogones,° se   *kitchens*
supo que Consagración, cuya única hazaña
conocida era beberse sin parar una botella de
195 aguardiente, había salvado al pueblo. En esa
esquina lo parió la suerte. Porque no bien
amaneció los comerciantes de la plaza de
Armas, orgullosos de que un yanahuanquino
le hubiera parado el macho a° un badulaque°   *had cut down to size / fool*
200 huancaíno, lo contrataron para descargar,°   *unload*
por cien soles mensuales, las mercaderías.
La víspera° de la fiesta de Santa Rosa,   *eve*
patrona° de la Policía, descubridora de miste-   *patron saint*
rios, casi a la misma hora en que, un año
205 antes, la extraviara, los ojos de ratón del doctor Montenegro sorprendieron una moneda.
El traje negro se detuvo delante del celebé-
rrimo escalón. Un murmullo escalofrió la
plaza. El traje negro recogió el sol y se alejó.
210 Contento de su buena suerte, esa noche
reveló en el club: "¡Señores, me he encontrado un sol en la plaza!"
La provincia suspiró.°   *sighed*

A. Comprensión

Escoja la respuesta o las respuestas correctas.

1. El doctor Francisco Montenegro
   a. es el juez de una provincia rural de los Andes
   b. se pasea por la plaza de Yanahuanca todos los días a la
      misma hora
   c. vive en un caserón de tres pisos y viste traje negro
2. Al pasear por la plaza un atardecer de septiembre, a Montenegro
   a. se le cae del bolsillo una moneda
   b. lo saludan los comerciantes y la chiquillería
   c. se le ocurre dejar un sol en la grada
3. La moneda provoca en los habitantes
   a. el miedo de tocarla
   b. la envidia de tener tanto dinero
   c. el deseo de robarla

4. El único que no sabe que la moneda está en la plaza es
   a. don Herón de los Ríos, el alcalde
   b. un rapaz de ocho años
   c. Montenegro mismo
5. Una noche Encarnación López recoge la moneda porque
   a. necesita comprar algo de comer
   b. está completamente borracho
   c. se la quiere devolver al juez
6. Cuando Consagración Mejorada le oye a un forastero burlarse de la moneda,
   a. lo mata
   b. lo amenaza
   c. avisa a sus amigos comerciantes
7. El doctor Montenegro recoge la moneda
   a. un año después de haberla perdido
   b. sin darse cuenta de que era suya
   c. porque reconoce el sol que perdió

B. Análisis del texto

1. Busque las referencias a Montenegro que (a) lo deshumanizan, es decir, que lo presentan no como hombre sino como cosa, y (b) simbolizan su poder en el pueblo.
2. ¿En qué sentido son simbólicos el apellido Montenegro y su acumulación de títulos ("doctor don Francisco Montenegro")?
3. ¿Qué detalles del texto revelan las características de la gente común de Yanahuanca: su profesión, su nivel económico, sus diversiones y su actitud hacia los forasteros?
4. ¿Cómo reaccionan los yanahuanquinos a las autoridades del pueblo y a Montenegro en particular? ¿Cómo se explica tal reacción?
5. ¿Qué indicio da Scorza de que el pueblo no evitará una confrontación con las autoridades en el futuro?
6. Enumere tres o más ejemplos de la exageración cómica que usa Scorza para enfatizar cómo el sol extraviado domina la vida de los yanahuanquinos.
7. El tono cómico empleado por Scorza, ¿distancia al lector/a de los personajes o le permite identificarse más con ellos? Explique su respuesta.

C. Conversación

1. Compare la vida en Yanahuanca con la de un pueblo pequeño en su país. Considere las actividades diarias, las relaciones entre la gente y las actitudes hacia el cambio.

2. La comunidad de Yanahuanca se hace una en la decisión de no tocar el sol extraviado. ¿Cómo explica Ud. esta solidaridad? ¿Le parece admirable o problemática? ¿Por qué?
3. ¿Cree Ud. que es más fácil cambiar un sistema social injusto en un pueblo rural y aislado o en una ciudad grande? ¿O es igual? Justifique su respuesta.
4. A los yanahuanquinos no les gustan los forasteros, especialmente los que son de un pueblo más grande. En su propio país, ¿existe esta desconfianza hacia los forasteros? ¿Y hacia los extranjeros? Enumere algunos ejemplos concretos de cómo se manifiesta o no se manifiesta esta actitud.

D. *Temas de composición e investigación*

1. La técnica de la deshumanización y su significado en el caso de Montenegro.
2. Las razones de la docilidad de una población frente al poder injusto.
3. Los líderes fuertes: el cacique, el dictador y/o el líder carismático en un país de Hispanoamérica.

Bibliografía breve

Crawley, Eduardo. *Dictators Never Die: A Portrait of Nicaragua and the Somoza Dynasty.* New York: St. Martin's Press, 1979.

Goodsell, J. N., ed. *Fidel Castro's Personal Revolution.* New York: Knoll Press, 1975.

Hamill Jr., Hugh M., ed. *Dictatorship in Spanish America.* New York: Knopf, 1965.

Paz, Octavio. *The Other Mexico: Critique of the Pyramid.* Trans. Lysander Kemp. New York: Grove Press, 1972.

Wolf, Eric R. and Edward C. Hansen. *The Human Condition in Latin America.* New York: Oxford Univ. Press, 1972.

Tríptico, *por Oscar Muñoz (1951–), Colombia. Duncan Collection, New York.*

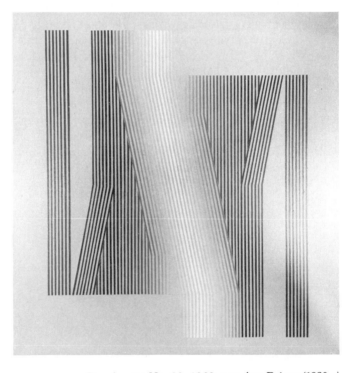

Dominante No. 20, 1969, *por Ary Brizzy (1930–), Argentina. Museum of Modern Art of Latin America, Washington, D.C. Photo by Angel Hurtado.*

Fiesta, *1942, por Alfonso Ramírez Fajardo (1922-),
Colombia. Collection, The Museum of Modern Art,
New York. Inter-American Fund.*

Capítulo VI

Mundos inventados

A lo largo de los cinco capítulos anteriores se ha presentado la realidad de Hispanoamérica a través de sus escritores, hombres y mujeres que observan a sus países y a sus gentes desde nuestra época contemporánea. En este capítulo se añaden tres nombres más a esa lista de intelectuales comprometidos: Luisa Valenzuela, Julio Cortázar y Gabriel García Márquez. Entre los muchos temas cultivados por estos autores figura el relato o la novela del aislamiento. En ellos, el protagonista aislado o acosado—ya sea un individuo o un pueblo entero—a veces sólo cuenta con sus propios recursos imaginativos para superar límites y transformarse en una entidad más completa, más feliz. Los autores de tales obras parecen afirmar que los cambios que tanto urgen en Hispanoamérica y en el mundo no se efectuarán en las selvas, ni los montes, ni los campos de batalla, sino en el corazón y el espíritu de todas las gentes.

16. De noche soy tu caballo
Luisa Valenzuela

Vocabulario

Estudie las siguientes palabras que son necesarias para la comprensión del texto.

Sustantivos

la brujería witchcraft
la caricia caress
el esoterismo occult sciences
el pozo well
la retaguardia rearguard
el timbrazo loud ring (of a doorbell, telephone, etc.)
el trago drink

Verbos

abrazar to embrace
apretar to squeeze
cuidar to watch out for or take care of
sonar to ring

Expresiones

echar el cerrojo to bolt (a door)
jugarse la vida to risk one's life
ponerse a + infinitivo to begin + infinitive
tenerle confianza a to trust

Ejercicios de prelectura

Para la realización de los ejercicios siguientes, es necesario conocer el vocabulario y las expresiones presentadas en la sección anterior.

A. Escoja del vocabulario la palabra a la que se refieren las definiciones siguientes.

1. Líquido que se bebe de una vez.
2. Demostración de afecto o amor.
3. Tropa que camina detrás y sirve para cubrir la marcha y movimiento de un ejército.
4. Operaciones sobrenaturales a las cuales se cree que se dedican ciertas mujeres diabólicas.
5. Agujero u hoyo profundo que se hace en la tierra para sacar agua.
6. Las ciencias ocultas.

B. Escoja la palabra o expresión apropiada de la lista a la derecha de la página para completar cada frase. Use la forma correcta de la palabra o expresión.

1. Al saludarnos Pablo y yo siempre nos. . . .
2. Estos zapatos me . . . los pies. Deme unos más grandes, por favor.
3. Hay que . . . a tu hermanito. Él es muy inocente y le . . . todo el mundo.
4. . . . el teléfono dos veces. Al tercer . . . , Elena contestó.
5. El espía estaba acostumbrado a . . . por su país.
6. Entré, cerré la puerta, y . . . . No podía saber si aquel hombre me había seguido hasta la casa, y muerta de miedo, yo . . . llorar.

timbrazo
abrazar
jugarse la vida
apretar
cuidar
echar el cerrojo
sonar
ponerse a
tenerle confianza a

C. **El ritmo de una narración.** La rapidez o lentitud con que se desarrollan los acontecimientos en una obra provocan un efecto diferente en el tono de la narración. Cada autor/a omite o elabora detalles, acorta o extiende el marco temporal y resume o dramatiza los varios acontecimientos individuales del relato.

En la historia que se presenta a continuación la autora controla el ritmo de la acción para borrar límites entre lo soñado y lo real y así provocar sorpresa. Observe el uso del ritmo narrativo en la obra, y luego conteste a las preguntas que le siguen.

De noche soy tu caballo
Luisa Valenzuela

Luisa Valenzuela nació en la Argentina en 1938 y actualmente vive en Nueva York. Autora de varias novelas y colecciones de cuentos, sus obras más recientes son Como en la guerra *(1977),* El libro que no muerde *(1980) y* Cambio de armas *(1982).*

La literatura de Luisa Valenzuela es un claro exponente de los temas y de las gentes de su tiempo, pero su estilo literario se decide abiertamente por la sugerencia de mundos interiores que vengan a rescatar a sus personajes de la realidad. En el cuento que se presenta a continuación, De noche soy tu caballo, *la autora borra la frontera entre el sueño y la realidad para captar la angustia que experimenta una mujer atrapada en una sociedad de gran violencia. Semejantemente a como ocurre en el fragmento de Jacobo Timerman que se incluye en esta antología, la protagonista de Valenzuela es perseguida por las fuerzas de seguridad argentinas. Pero si Timerman cobra fuerza al entrever al compañero de la celda de enfrente, la mujer creada por Valenzuela no tiene más consuelo que el recuerdo de una visita de su amante, un revolucionario llamado Beto.*

Sonaron tres timbrazos cortos y uno largo. Era la señal, y me levanté con disgusto° y con un poco de miedo; podían ser ellos o no ser, podría tratarse de una trampa,°
5 a estas malditas horas de la noche. Abrí la puerta esperando cualquier cosa menos encontrarme cara a cara nada menos que con él, finalmente.

    Entró bien rápido y echó los cerrojos
10 antes de abrazarme. Una actitud muy de él,° él el prudente, el que antes que nada° cuidaba su retaguardia—la nuestra—. Después me tomó en sus brazos sin decir una palabra, sin siquiera apretarme demasiado pero dejando
15 que toda la emoción del reencuentro se le desbordara,° diciéndome tantas cosas con el simple hecho de tenerme apretada entre sus brazos y de irme besando lentamente. Creo que nunca les había tenido demasiada confianza a
20 las palabras y allí estaba tan silencioso como siempre, transmitiéndome cosas en forma de caricias.

    Y por fin un respiro, un apartarnos algo° para mirarnos de cuerpo entero y no ojo con-
25 tra ojo, desdoblados.° Y pude decirle Hola

annoyed

trap

typical of him
before all else

overflow

slight stepping apart

(that is, apart)

casi sin sorpresa a pesar de° todos esos — *in spite of*
meses sin saber nada de él, y pude decirle

> te hacía° peleando en el norte — *I imagined you*
> te hacía preso° — *imprisoned*
30   te hacía en la clandestinidad
> te hacía torturado y muerto
> te hacía teorizando revolución en
> otro país.

Una forma como cualquiera de decirle que lo
35 hacía,° que no había dejado de pensar en él ni — *I was thinking*
me había sentido traicionada.° Y él, tan ende- — *about him / betrayed*
moniadamente precavido° siempre, tan señor — *infuriatingly guarded*
de sus actos:° — *so sure of himself*

—Callate,[1] chiquita ¿de qué te sirve saber
40 en qué anduve? Ni siquiera te conviene.° — *it's not even good for you*

Sacó entonces a relucir° sus tesoros,° — *show off / treasures*
unos quizá indicios° que yo no supe interpre- — *clues*
tar en ese momento. A saber,° una botella de — *namely*
cachaza° y un disco de Gal Costa.° ¿Qué — *uncured rum / (Brazilian*
45 habría estado haciendo en Brasil? ¿Cuáles — *recording artist)*
serían sus próximos proyectos? ¿Qué lo
habría traído de vuelta° a jugarse la vida — *back*
sabiendo que lo estaban buscando? Después
dejé de interrogarme (callate, chiquita, me
50 diría él). Vení,° chiquita, me estaba diciendo, — *(vos) ven*
y yo opté por dejarme sumergir en la felicidad
de haberlo recuperado, tratando de no
inquietarme.° ¿Qué sería de nosotros — *become worried*
mañana, en los días siguientes?

55 La cachaza es un buen trago, baja y sube
y recorre los caminos que debe recorrer y se
aloja° para dar calor donde más se la espera. — *takes hold (lit.,*
Gal Costa canta cálido, con su voz nos — *lodges itself)*
envuelve y nos acuna° y un poquito bailando — *rocks*
60 y un poquito flotando llegamos a la cama y ya
acostados nos seguimos mirando muy adentro, seguimos acariciándonos sin decidirnos
tan pronto a abandonarnos a la pura sensación. Seguimos reconociéndonos, reencon-
65 trándonos.

Beto, lo miro y le digo y sé que ése no es
su verdadero nombre pero es el único que le
puedo pronunciar en voz alta.° Él contesta: — *aloud*
—Un día lo lograremos,° chiquita. Ahora pre- — *make it*
70 fiero no hablar.

---

1. The *vos* form is used throughout the story.

Mejor. Que no se ponga él a hablar de lo que algún día lograremos y rompa la maravilla de lo que estamos a punto de lograr ahora, nosotros dos, solitos.

75 "A noite eu so teu cavallo" canta de golpe° Gal Costa desde el tocadiscos. *suddenly*

—De noche soy tu caballo—traduzco despacito. Y como para envolverlo° en magias y no *envelop*
dejarlo pensar en lo otro:

80 —Es un canto de santo,° como en la *chant*
macumba.[1] Una persona en trance dice que es el caballo del espíritu que la posee, es su montura.

—Chiquita, vos siempre metiéndote en eso-
85 terismos y brujerías. Sabés muy bien que no se trata de° espíritus, que si de noche sos mi *it isn't a matter of*
caballo es porque yo te monto, así, así, y sólo de eso se trata.

Fue tan lento, profundo, reiterado, tan
90 cargado de afecto que acabamos agotados.° *worn out*
Me dormí teniéndolo a él todavía encima.

De noche soy tu caballo. . .

. . . campanilla° de mierda del teléfono *ringing*
que me fue extrayendo por oleadas° de un *waves*
95 pozo muy denso. Con gran esfuerzo° para *effort*
despertarme fui a atender° pensando que *answer*
podría ser Beto, claro, no estaba más a mi lado, claro, siguiendo su inveterada costumbre de escaparse mientras duermo y sin dar
100 su paradero.° Para protegerme, dice. *whereabouts*

Desde la otra punta del hilo° una voz que *on the other end of*
pensé podría ser la de Andrés—del que llama- *the line*
mos Andrés—empezó a decirme:

—Lo encontraron a Beto, muerto. Flotando
105 en el río cerca de la otra orilla.° Parece que lo *edge*
tiraron vivo desde un helicóptero. Está muy hinchado° y descompuesto después de seis *swollen*
días en el agua, pero casi seguro que es él.

—¡No, no puede ser Beto! —grité con impru-
110 dencia. Y de golpe esa voz como de Andrés se me hizo° tan impersonal, ajena°: *became / unfamiliar*
—¿Te parece?° *you don't think so*

---

1. Religious cult of Bantu origin popular in Brazil. Practitioners enter trances through song and dance, and believe themselves possessed by dieties who are part African god and part Christian saint.

—¿Quién habla? —se me ocurrió preguntar
sólo entonces. Pero en ese momento col-
115 garon.°   *hung up*

    ¿Diez, quince minutos? ¿Cuánto tiempo
me habré quedado mirando el teléfono como
estúpida hasta que cayó° la policía? No me la   *arrived*
esperaba pero claro, sí, ¿cómo podía no
120 esperármela? Las manos de ellos toqueteán-
dome,° sus voces insultándome, amenazán-   *handling me*
dome° la casa registrada,° dada vuelta.°   *threatening / searched /*
Pero yo ya sabía ¿qué me importaba entonces   *overturned*
que se pusieran a romper lo rompible y a des-
125 mantelar placeres°?   *pleasures*

    No encontrarían nada. Mi única, verda-
dera posesión era un sueño y a uno no se lo
despoja° así no más° de un sueño. Mi sueño de   *rob / just like that*
la noche anterior en el que Beto estaba allí
130 conmigo y nos amábamos. Lo había soñado,
soñado todo, estaba profundamente conven-
cida de haberlo soñado con lujo° de detalles y   *luxury*
hasta en colores. Y los sueños no conciernen a
la cana.°   *cops*
135   Ellos quieren realidades, quieren hechos
fehacientes° de esos que yo no tengo ni para   *certified facts*
empezar a darles.

    Dónde está, vos lo viste, estuvo acá con
vos, dónde se metió. Cantá,° si no te va a   *confess (lit., sing)*
140 pesar.° Cantá, miserable, sabemos que vino a   *go badly*
verte, dónde anda, cuál es su aguantadero.°   *hideout*
Está en la ciudad, vos lo viste, confesá, cantá,
sabemos que vino a buscarte.

    Hace meses que no sé nada de él, lo perdí,
145 me abandonó, no sé nada de él desde hace
meses, se me escapó, se metió bajo tierra, qué
sé yo, se fue con otra, está en otro país, qué sé
yo, me abandonó, lo odio,° no sé nada. (Y   *hate*
quémenme no más° con cigarrillos, y   *go ahead and burn me*
150 patéenme° todo lo que quieran, y amenacen,   *kick me*
no más, y métanme un ratón para que me
coma por dentro, y arránquenme° las uñas y   *pull out*
hagan lo que quieran. ¿Voy a inventar por
eso? ¿Voy a decirles que estuvo acá cuando
155 hace mil años que se me fue para siempre?)

    No voy a andar contándoles mis sueños,
¿eso qué importa? Al llamado° Beto hace   *so-called*
más de seis meses que no lo veo, y yo lo
amaba. Desapareció, el hombre. Sólo me

160 encuentro con él en sueños y son muy malos
sueños que suelen transformarse en pesadi-
llas.°   *nightmares*

Beto, ya lo sabés, Beto, si es cierto que te
han matado o donde andes,° de noche soy tu   *wherever you are*
165 caballo y podés venir a habitarme cuando
quieras aunque yo esté entre rejas.° Beto, en   *behind bars*
la cárcel° sé muy bien que te soñé aquella   *jail*
noche, sólo fue un sueño. Y si por loca casuali-
dad° hay en mi casa un disco de Gal Costa y   *chance*
170 una botella de cachaza casi vacía,° que por   *empty*
favor me perdonen: decreté° que no existen.   *I swore*

A. Comprensión

Complete las frases siguientes.

1. Al oír los timbrazos, la narradora tiene miedo y disgusto porque . . . .
2. Ella describe al hombre que entra como. . . .
3. Beto es precavido porque. . . .
4. Beto no dice dónde ha estado porque. . . .
5. La narradora habla de la canción de Gal Costa porque. . . .
6. El hombre que llama por teléfono. . . .
7. Los policías llegan para. . . .
8. Al final resulta que la narradora está. . . .

B. Análisis del texto

1. Describa a la narradora como personaje. Ilustre su respuesta con ejemplos del texto.
2. Según Beto y la narradora, ¿cuáles son las dos posibles interpretaciones de la frase "de noche soy tu caballo"?
3. En las líneas 126–137, la narradora dice que su encuentro con Beto fue un sueño. Escoja los detalles que parecen apoyar esta afirmación.
4. Busque la frase en que la narradora oye sonar el teléfono. ¿Qué imagen o imágenes sugieren que está despertándose de una manera desagradable?
5. ¿Cómo cambia Valenzuela el ritmo de la narración a partir de la llamada telefónica? ¿Qué efecto produce en el lector/a?
6. Dado el miedo que sentía la narradora al principio del cuento, ¿qué cambios se notan en ella al final del cuento? ¿Cómo se explican estos cambios?

C. Conversación

1. En el pasado los sueños tuvieron gran importancia para la predicción del futuro. Hoy día, siguen siendo importantes en el psicoanálisis para la interpretación del pasado. ¿Cree usted en la interpretación de los sueños? ¿Por qué?
2. ¿Cómo se distingue la creación literaria de los sueños? Considere el control de la imaginación, el contenido y el esfuerzo de comunicar.
3. Casi todas las sociedades producen obras de ficción, literatura sobre personajes y situaciones que no existen en realidad. ¿Cómo se explica el deseo del ser humano de imaginarse otras realidades?

D. Temas de composición e investigación

1. La creación del ambiente de miedo y peligro en "De noche soy tu caballo."
2. La interpretación de los sueños: ¿revelación u otra ficción más?
3. La literatura actual de las escritoras hispanoamericanas: temas y estilos.

Bibliografía breve

Arizpe, Lourdes. "Interview with Carmen Naranjo: Women and Latin American Literature." *Signs: Journal of Women in Culture and Society,* 5 (1979), 98–110.

Correas de Zapata, Celia and Lygia Johnson. *Detrás de la reja.* Caracas: Monte Avila, 1980.

Meyer, Doris and Margarite Fernández Olmos, eds. *Contemporary Women Authors of Latin America: Introductory Essays and New Translations.* Brooklyn: Brooklyn College Press, 1983.

Miller, Beth, ed. *Women in Hispanic Literature: Icons and Fallen Idols.* Berkeley: Univ. of California Press, 1983.

Mora, Gabriela and Karen S. Van Hooft, eds. *Theory and Practice of Feminist Literary Criticism.* Ypsilanti: Bilingual Press / Editorial Bilingue, 1982.

17. La isla a mediodía
Julio Cortázar

Vocabulario

Estudie las siguientes palabras que son necesarias para la comprensión del texto.

Sustantivos

el ala wing
la arena sand
la bandeja tray
la cola tail
el litoral coast
el pescador fisherman
la playa beach
la red net

Expresiones

alcanzar a + infinitivo to manage + infinitive
a toda carrera at full speed
darse cuenta de to realize
en seguida right away
hacerle gracia a to be funny or amusing (to someone)
importarle a to matter (to someone)
sin muchas ganas unenthusiastically

Verbos

enderezarse to stand up straight
inclinarse to bend over
tirarse to throw oneself; to dive

Adjetivos

asombrado / a amazed

Ejercicios de prelectura

Para la realización de los ejercicios siguientes, es necesario conocer el vocabulario y las expresiones presentadas en la sección anterior.

A. Conteste a las siguientes preguntas.

1. ¿Cuál no es parte de un avión?:
   la cola, el ala, la ventanilla, el litoral
2. ¿Cuál no es algo que se encuentra generalmente en la playa?:
   la arena, la bandeja, el pescador, la red
3. ¿Cuál no es un movimiento del cuerpo?:
   enderezarse, hacerle gracia a, inclinarse, tirarse

B. Complete la siguiente narración haciendo uso de varias de las palabras y expresiones de la lista a la derecha de la página.

Aquella noche yo estaba muy cansado. Sin muchas ganas preparaba el reportaje que tenía que entregar por la mañana. De repente oí a alguien en la calle que gritaba: "¡Ladrón, ladrón!" Me acerqué a la ventana y alcancé a ver. . .

a toda carrera
darse cuenta de
en seguida
importarle a
asombrado
tirarse

C. **Transiciones.** En la literatura hispanoamericana se da con frecuencia la presentación de mundos imaginarios a través de referencias aparentemente reales. La transición entre la realidad del cuento y la imaginación se presenta a veces de forma que puede pasar inadvertida, conectando lógicamente los hechos.

En la historia que se presenta a continuación el autor hace uso de este tipo de transición desde un mundo real a otro imaginario. Trate de identificar el momento de transición.

La isla a mediodía (1971)
Julio Cortázar

Nacido en Bruselas en 1914, Julio Cortázar se trasladó con su familia a vivir a la Argentina, siendo él aún muy joven. A partir de 1951 vive en París. Ha publicado numerosas novelas y colecciones de cuentos entre las cuales se destacan Rayuela *(1963),* Todos los fuegos el fuego *(1966) y* Libro de Manuel *(1973).*

Autor de gran renombre internacional, Julio Cortázar no ha querido limitar su crítica a un país o un continente, y su literatura es una llamada constante a la exploración de nuevas maneras de ser o de conocer. Su obra más famosa, la novela experimental Rayuela, *celebra la disconformidad de un grupo de excéntricos de París y Buenos Aires para quienes todo orden en el mundo es absurdo. En el cuento que se presenta a continuación,* La isla a mediodía, *Cortázar vuelve a afirmar que la sociedad contemporánea carece de sentido frente a lo extraño e inexplicable. El tema de la muerte como reencuentro con uno mismo gira alrededor de un aeromozo cuya vida cosmopolita se muestra vacía cuando mira por la ventanilla del avión y ve una isla griega. La isla le atrae tanto que decide abandonarlo todo e instalarse en ella.*

La primera vez que vio la isla, Marini estaba cortésmente inclinado sobre los asientos de la izquierda, ajustando la mesa de plástico antes de instalar la bandeja del almuerzo.

⁵ La pasajera lo había mirado varias veces
mientras él iba y venía con revistas o vasos
de whisky; Marini se demoraba° ajustando la   *took his time*
mesa, preguntándose aburridamente si
valdría la pena° responder a la mirada insis-   *if it would be*
¹⁰ tente de la pasajera, una americana de las   *worthwhile*
muchas, cuando en el óvalo azul de la ven-
tanilla entró el litoral de la isla, la franja
dorada° de la playa, las colinas° que subían   *golden border / hills*
hacia la meseta desolada. Corrigiendo la posi-
¹⁵ ción defectuosa del vaso de cerveza, Marini
sonrió a la pasajera. "Las islas griegas", dijo.
"Oh, yes, Greece", repuso la americana con
un falso interés. Sonaba brevemente un tim-
bre° y el steward se enderezó, sin que la   *small bell*
²⁰ sonrisa profesional se borrara de su boca de
labios finos. Empezó a ocuparse de un matri-
monio° sirio que quería jugo de tomate, pero   *married couple*
en la cola del avión se concedió unos segun-
dos para mirar otra vez hacia abajo; la isla era
²⁵ pequeña y solitaria, y el Egeo° la rodeaba con   *Aegean Sea*
un intenso azul que exaltaba la orla° de un   *border*
blanco deslumbrante° y como petrificado,   *dazzling*
que allá abajo sería espuma° rompiendo en   *foam*
los arrecifes° y las caletas.° Marini vio que   *reefs / coves*
³⁰ las playas desiertas corrían hacia el norte y el
oeste, lo demás era la montaña entrando a
pique en° el mar. Una isla rocosa y desierta,   *plunging into*
aunque la mancha plomiza° cerca de la playa   *lead-colored spot*
del norte podía ser una casa, quizá un grupo
³⁵ de casas primitivas. Empezó a abrir la lata de
jugo, y al enderezarse la isla se borró de la
ventanilla; no quedó más que el mar, un verde
horizonte interminable. Miró su reloj pulsera
sin saber por qué; era exactamente mediodía.
⁴⁰   A Marini le gustó que lo hubieran des-
tinado° a la línea Roma-Teherán, porque el   *had assigned him*
pasaje era menos lúgubre° que en las líneas   *dismal*
del norte y las muchachas parecían siempre
felices de ir a Oriente o de conocer Italia. Cua-
⁴⁵ tro días después, mientras ayudaba a un niño
que había perdido la cuchara y mostraba des-
consolado el plato del postre, descubrió otra
vez el borde de la isla. Había una diferencia
de ocho minutos pero cuando se inclinó sobre
⁵⁰ una ventanilla de la cola no le quedaron
dudas; la isla tenía una forma inconfundible,

como una tortuga° que sacara apenas° las   *turtle / barely*
patas del agua. La miró hasta que lo lla-
maron, esta vez con la seguridad de que la
55 mancha plomiza era un grupo de casas;
alcanzó a distinguir el dibujo de unos pocos
campos cultivados que llegaban hasta la
playa. Durante la escala° de Beirut miró el   *stopover*
atlas de la stewardess, y se preguntó si la isla
60 no sería Horos. El radiotelegrafista, un
francés indiferente, se sorprendió de su
interés. "Todas esas islas se parecen,° hace   *look alike*
dos años que hago la línea y me importan
muy poco. Sí, muéstremela la próxima vez".
65 No era Horos sino Xiros, una de las muchas
islas al margen de° los circuitos turísticos.   *on the edge of*
"No durará° ni cinco años", le dijo la stew-   *it won't last*
ardess mientras bebían una copa en Roma.
"Apúrate° si piensas ir, las hordas° estarán   *hurry / hordes*
70 allí en cualquier momento, Gengis Cook
vela°".[1] Pero Marini siguió pensando en la   *is watching*
isla, mirándola cuando se acordaba o había
una ventanilla cerca, casi siempre encogién-
dose de hombros° al final. Nada de eso tenía   *shrugging his shoulders*
75 sentido,° volar tres veces por semana a   *made sense*
mediodía sobre Xiros era tan irreal como
soñar tres veces por semana que volaba a
mediodía sobre Xiros. Todo estaba falseado
en la visión inútil° y recurrente; salvo° quizá,   *usless / except*
80 el deseo de repetirla, la consulta al reloj
pulsera antes de mediodía, el breve, pun-
zante° contacto con la deslumbradora°   *sharp / dazzling*
franja blanca al borde de un azul casi negro, y
las casas donde los pescadores alzarían°   *would lift*
85 apenas los ojos para seguir el paso de esa otra
irrealidad.°   *(that is, the plane)*

     Ocho o nueve semanas después, cuando
le propusieron la línea de Nueva York con
todas sus ventajas,° Marini se dijo que era la   *advantages*
90 oportunidad de acabar con esa manía
inocente y fastidiosa. Tenía en el bolsillo el
libro donde un vago geógrafo de nombre
levantino° daba sobre Xiros más detalles que   *Mediterranean-sounding*
los habituales en las guías. Contestó
95 negativamente, oyéndose como desde lejos,°   *from afar*

---

1. The Cook Travel Agency of London is compared to
    Genghis Khan.

y después de sortear la sorpresa escandalizada de un jefe y dos secretarias se fue a comer a la cantina° de la compañía donde lo esperaba Carla. La desconcertada

100 decepción° de Carla no lo inquietó,° la costa sur de Xiros era inhabitable pero hacia el oeste quedaban huellas° de una colonia lidia o quizá cretomicénica,° y el profesor Goldmann había encontrado dos piedras talladas° con

105 jeroglíficos que los pescadores empleaban como pilotes° del pequeño muelle.° A Carla le dolía la cabeza y se marchó casi en seguida; los pulpos° eran el recurso principal del puñado° de habitantes, cada cinco días

110 llegaba un barco a cargar la pesca y dejar algunas provisiones y géneros.° En la agencia de viajes le dijeron que habría que fletar° un barco especial desde Rynos, o quizá se pudiera viajar en la falúa° que

115 recogía los pulpos, pero esto último sólo lo sabría Marini en Rynos donde la agencia no tenía corresponsal. De todas maneras° la idea de pasar unos días en la isla no era más que un plan para las vacaciones de junio; en las

120 semanas que siguieron hubo que reemplazar a White en la línea de Túnez, y después empezó una huelga° y Carla se volvió a casa de sus hermanas en Palermo. Marini fue a vivir a un hotel cerca de Piazza Navona,

125 donde había librerías de viejo;° se entretenía sin muchas ganas en buscar libros sobre Grecia, hojeaba° de a ratos° un manual de conversación. Le hizo gracia la palabra kalimera° y la ensayó° en un cabaret con una

130 chica pelirroja, se acostó con ella, supo de su abuelo en Odos y de unos dolores de garganta° inexplicables. En Roma empezó a llover, en Beirut lo esperaba siempre Tania, había otras historias, siempre parientes o

135 dolores; un día fue otra vez la línea de Teherán, la isla a mediodía. Marini se quedó tanto tiempo pegado° a la ventanilla que la nueva stewardess lo trató de mal compañero y le hizo la cuenta de las bandejas que llevaba

140 servidas.° Esa noche Marini invitó a la stewardess a comer en el Firouz y no le costó° que le perdonara la distracción de la mañana.

cafeteria

*extreme disap-
   pointment / upset*

traces

(pre-Hellenic civilizations)

carved

piles / dock

octopuses

handful

supplies and goods

charter

small boat

in any case

strike

*second-hand
   bookstores*

*glanced through /
   from time to time*

*(Greek) good day /
   tried it out*

throat

glued

she had served

didn't take much

Lucía le aconsejó que se hiciera cortar el pelo
a la americana,° él le habló un rato° de Xiros,   *like an American /*
145 pero después comprendió que ella prefería el   *for a moment*
vodka-lime del Hilton. El tiempo se iba en
cosas así, en infinitas bandejas de comida,
cada una con la sonrisa a la que tenía derecho
el pasajero. En los viajes de vuelta° el avión   *return flights*
150 sobrevolaba Xiros a las ocho de la mañana; el
sol daba contra las ventanillas de babor° y   *port-side*
dejaba apenas entrever la tortuga dorada;
Marini prefería esperar los mediodías del
vuelo de ida,° sabiendo que entonces podía   *flight over*
155 quedarse un largo minuto contra la ventanilla
mientras Lucía (y después Felisa) se ocupaba
un poco irónicamente del trabajo. Una vez
sacó una foto de Xiros pero le salió borrosa;°   *blurry*
ya sabía algunas cosas de la isla, había
160 subrayado° las raras menciones en un par de   *underlined*
libros. Felisa le contó que los pilotos lo
llamaban el loco de la isla y no le molestó.
Carla acababa de escribirle que había
decidido no tener el niño, y Marini le envió°   *sent*
165 dos sueldos° y pensó que el resto no le   *paychecks*
alcanzaría° para las vacaciones. Carla aceptó   *would not be enough*
el dinero y le hizo saber por una amiga que
probablemente se casaría con el dentista de
Treviso. Todo tenía tan poca importancia a
170 mediodía, los lunes y los jueves y los sábados
(dos veces por mes, el domingo).

    Con el tiempo fue dándose cuenta de que
Felisa era la única que lo comprendía un poco;
había un acuerdo tácito° para que ella se   *unspoken*
175 ocupara del pasaje° a mediodía, apenas° él se   *passengers / as soon as*
instalaba junto a la ventanilla de la cola. La
isla era visible unos pocos minutos, pero el
aire estaba siempre tan limpio y el mar la
recortaba con una crueldad tan minuciosa
180 que los más pequeños detalles se iban
ajustando implacables al recuerdo del pasaje
anterior:° la mancha verde del promontorio   *previous journey*
del norte, las casas plomizas, las redes
secándose en la arena. Cuando faltaban las
185 redes Marini lo sentía como un
empobrecimiento, casi un insulto. Pensó en
filmar el paso de la isla, para repetir la
imagen en el hotel, pero prefirió ahorrar° el   *save*
dinero de la cámara ya que apenas le faltaba

190 un mes para las vacaciones. No llevaba
demasiado la cuenta de los días; a veces era
Tania en Beirut, a veces Felisa en Teherán,
casi siempre su hermano menor en Roma,
todo un poco borroso, amablemente fácil y
195 cordial y como reemplazando otra cosa,
llenando las horas antes o después del vuelo,
y en el vuelo todo era también borroso y fácil
y estúpido hasta la hora de ir a inclinarse
sobre la ventanilla de la cola, sentir el frío
200 cristal como un límite del acuario donde
lentamente se movía la tortuga dorada en el
espeso° azul. *thick*

Ese día las redes se dibujaban precisas° *could be clearly seen*
en la arena, y Marini hubiera jurado que el
205 punto negro a la izquierda, al borde del mar,
era un pescador que debía estar mirando el
avión. "Kalimera", pensó absurdamente. Ya
no tenía sentido esperar más, Mario Merolis
le prestaría el dinero que le faltaba para el
210 viaje, en menos de tres días estaría en Xiros.
Con los labios pegados al vidrio, sonrió
pensando que treparía° hasta la mancha *would climb*
verde, que entraría desnudo en el mar de las
caletas del norte, que pescaría pulpos con los
215 hombres, entendiéndose por señas y por
risas. Nada era difícil una vez decidido: un
tren nocturno, un primer barco, otro barco
viejo y sucio, la escala en Rynos, la
negociación interminable con el capitán de la
220 falúa, la noche en el puente,° pegado a las *bridge*
estrellas, el sabor° del anís y del carnero,° el *taste / lamb*
amanecer° entre las islas. Desembarcó con *dawn*
las primeras luces,° y el capitán lo presentó a *at daybreak*
un viejo que debía ser el patriarca. Klaios le
225 tomó la mano izquierda y habló lentamente,
mirándolo en los ojos. Vinieron dos
muchachos y Marini entendió que eran los
hijos de Klaios. El capitán de la falúa
agotaba° su inglés: veinte habitantes, *exhausted*
230 pulpos, pesca, cinco casas, italiano visitante
pagaría alojamiento Klaios. Los muchachos
rieron cuando Klaios discutió dracmas;
también Marini, ya amigo de los más jóvenes,
mirando salir el sol sobre un mar menos
235 oscuro que desde el aire, una habitación pobre

y limpia, un jarro de agua, olor a salvia y a
piel curtida.° aroma of sage and tanned leather

Lo dejaron solo para irse a cargar la
falúa, y después de quitarse a manotazos° la tearing off
240 ropa de viaje y ponerse un pantalón de baño y
unas sandalias, echó a andar° por la isla. Aún set off on foot
no se veía a nadie, el sol cobraba lentamente
impulso° y de los matorrales° crecía un olor slowly became stronger / thickets
sutil, un poco ácido, mezclado con el yodo del
245 viento. Debían ser las diez cuando llegó al
promontorio del norte y reconoció la mayor
de las caletas. Prefería estar solo aunque le
hubiera gustado más bañarse en la playa de
arena; la isla lo invadía y lo gozaba con una
250 tal intimidad que no era capaz° de pensar o capable
de elegir.° La piel le quemaba de sol y de making choices
viento cuando se desnudó para tirarse al mar
desde una roca; el agua estaba fría y le hizo
bien, se dejó llevar° por corrientes insidiosas let himself be swept along
255 hasta la entrada de una gruta, volvió mar
afuera,° se abandonó de espaldas,° lo aceptó headed back out / floated aimlessly on his back
todo en un solo acto de conciliación que era
también un nombre para el futuro. Supo sin
la menor duda que no se iría de la isla, que de
260 alguna manera iba a quedarse para siempre
en la isla. Alcanzó a imaginar a su hermano, a
Felisa, sus caras cuando supieran que se
había quedado a vivir de la pesca en un
peñón° solitario. Ya los había olvidado rugged hill of rock
265 cuando giró sobre sí mismo° para nadar hacia turned over
la orilla.

El sol lo secó en seguida, bajó hacia las
casas donde dos mujeres lo miraron
asombradas antes de correr a encerrarse.
270 Hizo un saludo en el vacío° y bajó hacia las he waved to no one in particular
redes. Uno de los hijos de Klaios lo esperaba
en la playa, y Marini le señaló° el mar, pointed to
invitándolo. El muchacho vaciló, mostrando
sus pantalones de tela° y su camisa roja. fabric
275 Después fue corriendo hacia una de las casas,
y volvió casi desnudo; se tiraron juntos a un
mar ya tibio, deslumbrante bajo el sol de las
once.

Secándose en la arena, Ionas° empezó a (Klaios' son)
280 nombrar las cosas. "Kalimera", dijo Marini,
y el muchacho rió hasta doblarse en dos. Des-

pués Marini repitió las frases nuevas, enseñó palabras italianas a Ionas. Casi en el horizonte, la falúa se iba empequeñeciendo;
285 Marini sintió que ahora estaba realmente solo en la isla con Klaios y los suyos.° Dejaría pasar unos días, pagaría su habitación y aprendería a pescar; alguna tarde, cuando ya lo conocieran bien, les hablaría de quedarse y
290 de trabajar con ellos. Levantándose, tendió° la mano a Ionas y echó a andar lentamente hacia la colina. La cuesta° era escarpada° y trepó saboreando cada alto,° volviéndose una y otra vez para mirar las redes en la playa, las
295 siluetas de las mujeres que hablaban animadamente con Ionas y con Klaios y lo miraban de reojo,° riendo. Cuando llegó a la mancha verde entró en un mundo donde el olor del tomillo° y de la salvia era una misma materia
300 con el fuego del sol y la brisa del mar. Marini miró su reloj pulsera y después, con un gesto de impaciencia, lo arrancó° de la muñeca° y lo guardó en el bolsillo° del pantalón de baño. No sería fácil matar al hombre viejo, pero allí
305 en lo alto, tenso de sol y de espacio, sintió que la empresa° era posible. Estaba en Xiros, estaba allí donde tantas veces había dudado que pudiera llegar alguna vez. Se dejó caer de espaldas° entre las piedras calientes, resistió
310 sus aristas° y sus lomos° encendidos,° y miró verticalmente el cielo; lejanamente le llegó el zumbido° de un motor.

Cerrando los ojos se dijo que no miraría el avión, que no se dejaría contaminar por lo
315 peor de sí mismo que una vez más iba a pasar sobre la isla. Pero en la penumbra° de los párpados° imaginó a Felisa con las bandejas, en ese mismo instante distribuyendo las bandejas, y su reemplazante, tal vez Giorgio o
320 alguno nuevo de otra línea, alguien que también estaría sonriendo mientras alcanzaba° las botellas de vino o el café. Incapaz de luchar° contra tanto pasado abrió los ojos y se enderezó, y en el mismo momento vio el ala
325 derecha del avión, casi sobre su cabeza, inclinándose inexplicablemente, el cambio de

his family

extended

slope / steep, rugged
savoring each peak

out of the corner of
their eyes
thyme

yanked / wrist
pocket

undertaking

flopped down on his
back
edges / surfaces / burning
buzz

semi-darkness
eyelids

reached for

unable to fight

sonido de las turbinas, la caída casi vertical
sobre el mar. Bajó a toda carrera por la colina,
golpeándose° en las rocas y desgarrándose°   *hitting himself / tearing*
330 un brazo entre las espinas.° La isla le   *thorns*
ocultaba° el lugar de la caída, pero torció°   *hid from him / turned*
antes de llegar a la playa y por un atajo° pre-   *shortcut*
visible franqueó° la primera estribación° de   *went over / spur*
la colina y salió a la playa más pequeña. La
335 cola del avión se hundía° a unos cien metros,   *was sinking*
en un silencio total. Marini tomó impulso y se
lanzó° al agua, esperando todavía que el   *dove*
avión volviera a flotar; pero no se veía mas
que la blanda línea de las olas, una caja de
340 cartón oscilando absurdamente cerca del
lugar de la caída, y casi al final, cuando ya no
tenía sentido seguir nadando, una mano fuera
del agua, apenas un instante, el tiempo para
que Marini cambiara de rumbo° y se zambu-   *change direction*
345 llera° hasta atrapar por el pelo al hombre que   *dive under*
luchó por aferrarse° a él y tragó° ronca-   *cling / swallowed*
mente° el aire que Marini le dejaba respirar   *hoarsely*
sin acercarse demasiado. Remolcándolo°   *dragging*
poco a poco lo trajo hasta la orilla, tomó en
350 brazos el cuerpo vestido de blanco, y tendién-
dolo en la arena miró la cara llena de espuma
donde la muerte estaba ya instalada, san-
grando° por una enorme herida° en la   *bleeding / wound*
garganta. De qué podía servir° la respiración   *of what use was*
355 artificial si con cada convulsión la herida
parecía abrirse un poco más y era como una
boca repugnante que llamaba a Marini, lo
arrancaba a su pequeña felicidad de tan pocas
horas en la isla, le gritaba entre borbotones°   *gushes*
360 algo que él ya no era capaz de oír. A toda carrera venían los hijos de Klaios y más atrás
las mujeres. Cuando llegó Klaios, los
muchachos rodeaban el cuerpo tendido en la
arena, sin comprender cómo había tenido
365 fuerzas° para nadar a la orilla y arrastrarse°   *strength / drag himself*
desangrándose° hasta ahí. "Ciérrale los   *bleeding profusely*
ojos", pidió llorando una de las mujeres.
Klaios miró hacia el mar, buscando algún otro
sobreviviente. Pero como siempre estaban
370 solos en la isla, y el cadáver de ojos abiertos
era lo único nuevo entre ellos y el mar.

A. Comprensión

Lea las frases siguientes y decida si son ciertas o falsas. Si son falsas, cambie las palabras en cursiva para hacer una afirmación correcta.

1. A Marini *le fascina* su trabajo de aeromozo.
2. *A las dos de la tarde* el avión pasa sobre Xiros.
3. La isla de Xiros es muy *famosa entre los turistas.*
4. Marini no acepta la línea de Nueva York *porque no es un vuelo muy interesante.*
5. Para Marini la isla se convierte en *una obsesión.*
6. Marini piensa que sería fácil *ir a Xiros.*
7. Al bañarse en la mayor de las caletas, Marini se da cuenta de que va a quedarse *unos días* en la isla.
8. El avión de la línea Roma-Beirut *cae sobre la playa.*
9. *Varias personas sobreviven* el accidente.
10. El hombre que Marini remolca hasta la orilla tiene *una herida pequeña.*
11. Cuando Klaios y su familia llegan a la playa, *ven a dos personas allí: Marini y el muerto.*

B. Análisis del texto

1. Enumere los detalles que revelan la actitud de Marini hacia su trabajo.
2. Comente la manera en que Marini trata a las mujeres que conoce: a Carla, a la griega del cabaret, a la nueva stewardess y a Felisa.
3. ¿Qué atrae a Marini a la isla? ¿Qué representa la isla para él?
4. ¿Por qué es significativo que Marini siempre vea la isla a mediodía y no a otra hora?
5. En las líneas 203–237, indique la frase o las frases que constituyen una transición ambigua entre la "realidad y el "ensueño" de Marini.
6. ¿En qué sentido es simbólico el nombre de Marini? ¿Y el de Ionas? ¿Qué representa el muchacho para Marini?
7. Al final del cuento, los habitantes de la isla sólo ven un cadáver en la playa. ¿Cómo se explica la desaparición del hombre que salvó al herido?
8. Julio Cortázar emplea a un narrador omnisciente en "La isla a mediodía". ¿Dónde se ve esto?

C. Conversación

1. Como steward Marini parece llevar una vida agradable viajando y conociendo a mucha gente. Sin embargo, ¿cómo explica Ud. su descontento?
2. Describa el estilo de vida de los habitantes de Xiros. ¿Le parece a Ud. que la visión que ofrece Marini de Xiros es un retrato fiel de la vida de los pescadores en una isla pequeña? ¿O es más bien una fantasía? Explique su respuesta.
3. ¿Son frecuentes las fantasías escapistas hoy día? ¿En qué forma se manifiestan en la sociedad de Ud.?
4. ¿Indican las fantasías escapistas problemas serios de la sociedad que las produce? Enumere algunos de los problemas de los cuales la gente busca escaparse por medio de la fantasía.

D. Temas de composición e investigación

1. Las premoniciones de la muerte en "La isla a mediodía".
2. La visión utópica como alternativa a la vida moderna.
3. Evaluaciones críticas de "La isla a mediodía".

Bibliografía breve

Alazraki, Jaime and Ivar Ivask, eds. *The Final Island: The Prose Fiction of Julio Cortázar.* Norman: Univ. of Oklahoma Press, 1978.

Giacoman, Helmy F., ed. *Homenaje a Julio Cortázar: variaciones interpretativas en torno a su obra.* New York: Las Americas Publishing Co., 1972.

Kerr, Lucille. "Critics and Cortázar." *Latin American Research Review,* 18 (1983), 266–275.

Lagmanovich, David, ed. *Estudios sobre los cuentos de Julio Cortázar.* Barcelona: Hispam, 1975.

Modern Language Association Bibliography. Yearly.

18. El ahogado más hermoso del mundo
Gabriel García Márquez

Vocabulario

Estudie las siguientes palabras que son necesarias para la comprensión del texto.

Sustantivos

el acantilado cliff
el ahogado drowned man
el estorbo burden

Adjetivos

ajeno / a belonging to another
amargo / a bitter
ancho / a wide
descomunal gigantic; out of the
    ordinary
escaso / a scarce
manso / a gentle, mild
oscuro / a dark
parecido / a similar
sigiloso / a silent

Verbos

amarrar to tie
estorbar to be in the way
tender to lay or stretch out
tirar to throw

Expresiones

bastar con + *infinitivo* to suffice
    + infinitive
darse cuenta de to realize
tener conciencia de to be aware of

Ejercicios de prelectura

Para la realización de los ejercicios siguientes, es necesario conocer el vocabulario y las expresiones presentadas en la sección anterior.

A. Indique si las siguientes palabras tienen significados que son similares o diferentes. Si son diferentes, dé un sinónimo o una definición para la primera de cada par.

1. oscuro—claro
2. sigiloso—silencioso
3. descomunal—ordinario
4. ajeno—familiar
5. escaso—numeroso
6. manso—tímido
7. parecido—similar
8. amargo—dulce
9. ancho—estrecho

B. Complete las oraciones con una forma apropiada de las palabras que están entre paréntesis.

1. (tener conciencia de, estorbo) Martín sabía que lo consideraban un . . . en esa casa, pero no . . . del resentimiento que sentía hacia él Ricardo, el hijo mayor de la familia.
2. (darse cuenta de, bastar con) De repente el alumno . . . lo que le quería decir la profesora: no . . . memorizar las fórmulas, sino que era necesario manipularlas correctamente.
3. (tender, acantilado, ahogado) Al encontrar al . . . al pie del . . . , los hombres lo . . . en la playa.
4. (estorbar, tirar, amarrar) Por fin voy a . . . esa caja de ropa vieja que tanto . . . en el armario. ¿Tienes un cordón con el cual la puedo . . . ?

C. **Cambio de punto de vista narrativo.** En los cuentos de Gabriel García Márquez se da con frecuencia un cambio de punto de vista narrativo dentro de una frase. Por lo general tales cambios ocurren cuando la voz del narrador principal, que nos llega desde fuera de la acción, cede sin advertencia y muy brevemente a la voz de un personaje que está dentro de la obra. Los comentarios en primera persona, hechos por el personaje, se incluyen dentro de la oración en tercera persona, y presentada desde la perspectiva del narrador omnisciente u observador.

El ahogado más hermoso del mundo
Gabriel García Márquez

El colombiano Gabriel García Márquez (1928) forma parte del grupo selecto de escritores que han sido galardonados con el premio Nóbel de literatura. El premio, concedido en 1982, le ha supuesto la consagración definitiva de su obra que incluye El coronel no tiene quien le escriba *(1961),* Los funerales de la Mamá Grande *(1962),* Cien años de soledad *(1967) y* El otoño del patriarca *(1975).*

> *Son ya numerosos los estudios que se han escrito analizando el estilo y el mensaje de las obras de Gabriel García Márquez. Pero siempre hay algo nuevo que decir sobre él y sus novelas y cuentos cuyas sugerencias, tonos ambiguos y fantasías abren interpretaciones nuevas para cada lector/a.*
> *García Márquez situó su famosísima novela* Cien años de soledad *en un pueblo mítico llamado Macondo, que por su aislamiento e historia, es una especie de resumen espiritual de Hispanoamérica. Los habitantes de Macondo gozan de cierta inocencia, pero a la vez se ven acosados por numerosas fuerzas negativas. Al final de la novela el pueblo*

es arrasado por un huracán de proporciones bíblicas, y queda deste-
rrado de la memoria humana.

Igual a Cien años de soledad, *el cuento que se presenta a conti-*
nuación se sitúa en un pueblo remoto que recuerda la sociedad hispa-
noamericana en general. Pero si Macondo fue condenado a desapare-
cer de la tierra, el pueblo de El ahogado más hermoso del mundo
logra florecer. La tolerancia que demuestra el pueblo al aceptar a un
gigante como si fuera uno de ellos les permite crear una sociedad físi-
camente bella y excepcionalmente humanitaria que no deja de ser
admirada por el resto del mundo.

Los primeros niños que vieron el promon-
torio° oscuro y sigiloso que se acercaba por el   *large bulk*
mar, se hicieron la ilusión de° que era un   *hoped*
barco enemigo. Después vieron que no
5 llevaba banderas ni arboladura,° y pensaron   *rigging*
que fuera una ballena.° Pero cuando quedó   *whale*
varado° en la playa le quitaron los mato-   *washed ashore*
rrales° de sargazos,° los filamentos de medu-   *thickets / gulfweed*
sas° y los restos de cardúmenes° y naufra-   *jellyfish / schools of fish*
10 gios° que llevaba encima, y sólo entonces des-   *shipwrecks*
cubrieron que era un ahogado.

Habían jugado con él toda la tarde, ente-
rrándolo° y desenterrándolo en la arena,   *burying him*
cuando alguien los vio por casualidad y dio la
15 voz de alarma en el pueblo. Los hombres que
lo cargaron hasta la casa más próxima
notaron que pesaba más que todos los muertos conocidos, casi tanto como un caballo, y
se dijeron que tal vez había estado demasiado
20 tiempo a la deriva° y el agua se le había   *adrift*
metido dentro de los huesos.° Cuando lo ten-   *bones*
dieron en el suelo vieron que había sido
mucho más grande que todos los hombres,
pues apenas si° cabía en la casa, pero pen-   *barely*
25 saron que tal vez la facultad de seguir cre-
ciendo después de la muerte estaba en la
naturaleza de ciertos ahogados. Tenía el olor
del mar, y sólo la forma permitía suponer que
era el cadáver de un ser humano, porque su
30 piel estaba revestida de una coraza° de   *armour*
rémora¹ y de lodo.°   *mud*

---

1. In English *remora*, *"suckerfish"*, a kind of fish with a
   sucking disk on the head that attaches itself to
   moving surfaces.

No tuvieron que limpiarle la cara para
saber que era un muerto ajeno. El pueblo
tenía apenas unas veinte casas de tablas,° *wooden shacks*
35 con patios de piedras sin flores, desperdiga-
das en el extremo de un cabo desértico. La
tierra era tan escasa, que las madres andaban
siempre con el temor de que el viento se
llevara a los niños, y a los pocos muertos que
40 les iban causando los años tenían que tirarlos
en los acantilados. Pero el mar era manso y
pródigo, y todos los hombres cabían en siete
botes. Así que cuando encontraron el ahogado les bastó con mirarse los unos a los
45 otros para darse cuenta de que estaban completos.

Aquella noche no salieron a trabajar en el
mar. Mientras los hombres averiguaban° si *investigated*
no faltaba alguien en los pueblos vecinos, las
50 mujeres se quedaron cuidando al ahogado. Le
quitaron el lodo con tapones de esparto,° le *plugs of esparto grass*
desenredaron° del cabello los abrojos° sub- *disentangled / thistles*
marinos y le rasparon° la rémora con fierros *scraped off*
de desescamar pescados.° A medida que° lo *fish scaling tools / while*
55 hacían, notaron que su vegetación era de
océanos remotos y de aguas profundas, y que
sus ropas estaban en piltrafas,° como si *shreds*
hubiera navegado por entre laberintos de co-
rales. Notaron también que sobrellevaba° la *wore*
60 muerte con altivez,° pues no tenía el *proudly*
semblante° solitario de los otros ahogados *appearance*
del mar, ni tampoco la catadura° sórdida y *look*
menesterosa° de los ahogados fluviales.° *needy / found in rivers*
Pero solamente cuando acabaron de limpiarlo
65 tuvieron conciencia de la clase de hombre que
era, y entonces se quedaron sin aliento. No
sólo era el más alto, el más fuerte, el más viril
y el mejor armado° que habían visto jamás, *endowed*
sino que todavía cuando lo estaban viendo no
70 les cabía en la imaginación.

No encontraron en el pueblo una cama
bastante grande para tenderlo ni una mesa
bastante sólida para velarlo.° No le vinieron° *on which to place*
los pantalones de fiesta de los hombres más *him for a wake / fit*
75 altos, ni las camisas dominicales de los más
corpulentos, ni los zapatos del mejor plan-
tado.° Fascinadas por su desproporción y su *man with the*
hermosura, las mujeres decidieron entonces *biggest feet*

hacerle unos pantalones con un buen pedazo° *good-sized piece*
80 de vela cangreja,° y una camisa de bramante *gaff sail*
de novia,° para que pudiera continuar su *fine linen*
muerte con dignidad. Mientras cosían° senta- *sewed*
das en círculo, contemplando el cadáver entre
puntada y puntada,° les parecía que el viento *between stitches*
85 no había sido nunca tan tenaz° ni el Caribe *strong*
había estado nunca tan ansioso como aquella
noche, y suponían que esos cambios tenían
algo que ver con el muerto. Pensaban que si
aquel hombre magnífico hubiera vivido en el
90 pueblo, su casa habría tenido las puertas más
anchas, el techo° más alto y el piso más *roof*
firme, y el bastidor° de su cama habría sido *frame*
de cuadernas maestras° con pernos de *midship frames*
hierro,° y su mujer habría sido la más feliz. *iron bolts*
95 Pensaban que habría tenido tanta autoridad
que hubiera sacado los peces del mar con sólo
llamarlos por sus nombres, y habría puesto
tanto empeño° en el trabajo que hubiera *effort*
hecho brotar manantiales° de entre las pie- *springs*
100 dras más áridas y hubiera podido sembrar
flores en los acantilados. Lo compararon en
secreto con sus propios° hombres, pensando *own*
que no serían capaces° de hacer en toda una *capable*
vida lo que aquél era capaz de hacer en una
105 noche, y terminaron por repudiarlos° en el *rejecting them*
fondo° de sus corazones como los seres más *depths*
escuálidos y mezquinos° de la tierra. Anda- *puny*
ban extraviadas° por esos dédalos° de fan- *lost / labyrinths*
tasía, cuando la más vieja de las mujeres, que
110 por ser la más vieja había contemplado al
ahogado con menos pasión que compasión,
suspiró:
—Tiene cara de llamarse Esteban.
Era verdad. A la mayoría le bastó con
115 mirarlo otra vez para comprender que no
podía tener otro nombre. Las más porfiadas,° *stubborn*
que eran las más jóvenes, se mantuvieron con
la ilusión de que al ponerle la ropa, tendido
entre flores y con unos zapatos de charol,° *patent leather*
120 pudiera llamarse Lautaro. Pero fue una
ilusión vana. El lienzo° resultó escaso, los *linen*
pantalones mal cortados y peor cosidos le
quedaron estrechos,° y las fuerzas ocultas° *were too small / hidden*
de su corazón hacían saltar° los botones de la *forces / caused the*
125 camisa. Después de la media noche se adelga- *popping of*

zaron los silbidos del viento y el mar cayó en
el sopor del miércoles.° El silencio acabó con
las últimas dudas: era Esteban. Las mujeres
que lo habían vestido, las que lo habían
130 peinado, las que le habían cortado las uñas y
raspado la barba no pudieron reprimir° un
estremecimiento° de compasión cuando
tuvieron que resignarse a dejarlo tirado por
los suelos.° Fue entonces cuando compren-
135 dieron cuánto debió haber sido de infeliz con
aquel cuerpo descomunal, si hasta después de
muerto le estorbaba. Lo vieron condenado en
vida a pasar de medio lado° por las puertas,
descalabrarse° con los travesaños,° a per-
140 manecer de pie en las visitas sin saber qué
hacer con sus tiernas° y rosadas manos de
buey de mar,° mientras la dueña de la casa
buscaba la silla más resistente y le suplicaba
muerta de miedo siéntese aquí Esteban,
145 hágame el favor, y él recostado° contra las
paredes, sonriendo, no se preocupe señora, así
estoy bien, con los talones en carne viva° y
las espaldas escaldadas de tanto repetir lo
mismo en todas las visitas, no se preocupe,
150 señora, así estoy bien, sólo para no pasar por
la vergüenza° de desbaratar° la silla, y acaso
sin haber sabido nunca que quienes le decían
no te vayas Esteban, espérate siquiera hasta
que hierva° el café, eran los mismos que des-
155 pués susurraban ya se fue el bobo grande, qué
bueno, ya se fue el tonto hermoso. Esto pensaban las mujeres frente al cadáver un poco
antes del amanecer.° Más tarde, cuando le
taparon la cara con un pañuelo° para que no
160 le molestara la luz, lo vieron tan muerto para
siempre, tan indefenso, tan parecido a sus
hombres, que se les abrieron las primeras
grietas de lágrimas° en el corazón. Fue una
de las más jóvenes la que empezó a sollozar.°
165 Las otras, alentándose entre sí,° pasaron de
los suspiros° a los lamentos, y mientras más
sollozaban más deseos sentían de llorar, porque el ahogado se les iba volviendo cada vez
más° Esteban, hasta que lo lloraron tanto
170 que fue el hombre más desvalido de la tierra,
el más manso y el más servicial, el pobre
Esteban. Así que cuando los hombres vol-

mid-week stupor

repress
shudder

lying on the floor

sideways
to split his head / beams

tender
sea mammal

leaning

heals worn raw

shame / wrecking

boils

dawn
handkerchief

veins of tears
sob
inspiring each other
sighs

was becoming more
and more

vieron con la noticia de que el ahogado no era
tampoco de los pueblos vecinos, ellas sin-
175 tieron un vacío de júbilo° entre las lágrimas.　　*joyful emptiness*
　　—¡Bendito° sea Dios—suspiraron—: es　　*blessed*
nuestro!
　　Los hombres creyeron que aquellos aspa-
vientos° no eran más que frivolidades de　　*all that fuss*
180 mujer. Cansados de las tortuosas averigua-
ciones de la noche, lo único que querían era
quitarse° de una vez el estorbo del intruso　　*get rid of*
antes de que prendiera° el sol bravo° de aquel　　*lit up / fierce*
día árido y sin viento. Improvisaron unas
185 angarillas° con restos de trinquetes° y　　*stretchers / booms*
botavaras,° y las amarraron con carlingas de　　*sails*
altura,° para que resistieran el peso° del　　*mast stops / weight*
cuerpo hasta los acantilados. Quisieron enca-
denarle° a los tobillos° un ancla° de buque　　*to chain / ankles / anchor*
190 mercante° para que fondeara° sin tropiezos°　　*merchant ship / sink /*
en los mares más profundos donde los peces　　　*unimpeded*
son ciegos° y los buzos° se mueren de nostal-　　*blind / divers*
gia, de manera que° las malas corrientes no　　*so that*
fueran a devolverlo a la orilla,° como había　　*shore*
195 sucedido con otros cuerpos. Pero mientras
más se apresuraban,° más cosas se les ocu-　　*hurried*
rrían a las mujeres para perder el tiempo.
Andaban como gallinas asustadas pico-
teando° amuletos de mar en los arcones,°　　*pecking / large chests*
200 unas estorbando aquí porque querían ponerle
al ahogado los escapularios del buen viento,
otras estorbando allá para abrocharle° una　　*fasten to him*
pulsera de orientación,° y al cabo de° tanto　　*wrist compass / after*
quítate de ahí° mujer, ponte donde no　　*get out of the way*
205 estorbes, mira que casi me haces caer sobre el
difunto,° a los hombres se les subieron al　　*deceased*
hígado las suspicacias° y empezaron a　　*began to get suspicious*
rezongar° que con qué objeto tanta ferre-　　*grumble*
tería° de altar mayor para un forastero,° si　　*hardware / stranger*
210 por muchos estoperoles y calderetas° que　　*odds and ends*
llevara encima se lo iban a masticar los
tiburones,° pero ellas seguían tripotando°　　*sharks / bringing*
sus reliquias de pacotilla,° llevando y tra-　　*cheap relics*
yendo, tropezando,° mientras se les iba en　　*stumbling*
215 suspiros lo que no se les iba en lágrimas, así
que los hombres terminaron por despotricar°　　*rant*
que de cuándo acá semejante alboroto° por　　*so much fuss*
un muerto al garete,° un ahogado de nadie,　　*set adrift*
un fiambre° de mierda. Una de las mujeres,　　*piece of meat*

220 mortificada por tanta indolencia, le quitó
entonces al cadáver el pañuelo de la cara, y
también los hombres se quedaron sin aliento.
Era Esteban. No hubo que repetirlo para
que lo reconocieran. Si les hubieran dicho Sir
225 Walter Raleigh,° quizás, hasta ellos se   *Raleigh (1552–1618),*
habrían impresionado con su acento de   *an English pirate*
gringo, con su guacamaya° en el hombro,°   *macaw / shoulder*
con su arcabuz° de matar caníbales, pero   *cross-bow*
Esteban solamente podía ser uno en el
230 mundo, y allí estaba tirado como un sábalo,°   *(type of fish)*
sin botines,° con unos pantalones de sieteme-   *booty*
sino° y esas uñas rocallosas° que sólo podían   *(that is, tiny) / rock-like*
cortarse a cuchillo. Bastó con que le quitaran
el pañuelo de la cara para darse cuenta de que
235 estaba avergonzado,° de que no tenía la culpa   *ashamed*
de ser tan grande, ni tan pesado° ni tan her-   *heavy*
moso, y si hubiera sabido que aquello iba a
suceder° habría buscado un lugar más dis-   *happen*
creto para ahogarse, en serio,° me hubiera   *really*
240 amarrado yo mismo un áncora de galeón en el
cuello° y hubiera trastabillado° como quien   *neck / reeled*
no quiere la cosa° por los acantilados, para no   *without hesitation*
andar ahora estorbando con este muerto de
miércoles,° como ustedes dicen, para no   *damn corpse*
245 molestar a nadie con esta porquería° de fiam-   *filth*
bre que no tiene nada que ver° conmigo.   *has nothing to do*
Había tanta verdad en su modo de estar, que
hasta los hombres más suspicaces, los que
sentían amargas las minuciosas noches del
250 mar temiendo que sus mujeres se cansaran de
soñar con ellos para soñar con los ahogados,
hasta ésos, y otros más duros, se estreme-
cieron° en los tuétanos° con la sinceridad de   *quivered / through*
Esteban.   *and through*
255   Fue así como le hicieron los funerales más
espléndidos que podían concebirse para un
ahogado expósito.° Algunas mujeres que   *abandoned*
habían ido a buscar flores en los pueblos
vecinos regresaron con otras que no creían lo
260 que les contaban, y éstas se fueron por más
flores cuando vieron al muerto, y llevaron
más y más, hasta que hubo tantas flores y
tanta gente que apenas si se podía caminar. A
última hora° les dolió devolverlo huérfano° a   *at the last minute /*
265 las aguas, y le eligieron un padre y una madre   *as an orphan*
entre los mejores, y otros se le hicieron° her-   *became*

manos, tíos y primos, así que a través de él todos los habitantes del pueblo terminaron por ser parientes entre sí.° Algunos *related to one another*
270 marineros que oyeron el llanto° a la distancia *weeping* perdieron la certeza del rumbo,° y se supo de *lost their way* uno que se hizo amarrar° al palo mayor, *had himself tied* recordando antiguas fábulas de sirenas.° *mermaids* Mientras se disputaban el privilegio de
275 llevarlo en hombros por la pendiente escarpada° de los acantilados, hombres y mujeres *steep, craggy slopes* tuvieron conciencia por primera vez de la desolación de sus calles, la aridez de sus patios, la estrechez de sus sueños, frente al
280 esplendor y la hermosura de su ahogado. Lo soltaron sin ancla, para que volviera si quería, y cuando lo quisiera, y todos retuvieron el aliento° durante la fracción de siglos *held their breath* que demoró la caída del cuerpo hasta el
285 abismo.° No tuvieron necesidad de mirarse *abyss* los unos a los otros para darse cuenta de que ya no estaban completos, ni volverían a estarlo jamás. Pero también sabían que todo sería diferente desde entonces, que sus casas
290 iban a tener las puertas más anchas, los techos más altos, los pisos más firmes, para que el recuerdo de Esteban pudiera andar por todas partes sin tropezar con° los travesaños, *bumping into* y que nadie se atreviera a susurrar en el
295 futuro ya murió el bobo grande, qué lástima, ya murió el tonto hermoso, porque ellos iban a pintar las fachadas° de colores alegres para *fronts (of houses)* eternizar la memoria de Esteban, y se iban a romper el espinazo° excavando manantiales *break their backs*
300 en las piedras y sembrando flores en los acantilados, para que en los amaneceres de los años venturos° los pasajeros de los grandes *coming* barcos despertaran sofocados por un olor de jardines en altamar,° y el capitán tuviera que *on the high seas*
305 bajar de su alcázar° con su uniforme de *quarter deck* gala,° con su astrolabio, su estrella polar y su *dress uniform* ristra° de medallas de guerra, y señalando el *string* promontorio de rosas en el horizonte del Caribe dijera en catorce idiomas, miren allá,
310 donde el viento es ahora tan manso que se queda a dormir debajo de las camas, allá, donde el sol brilla tanto que no saben hacia dónde girar° los girasoles,° sí, allá, es el *turn / sunflowers* pueblo de Esteban.

A. Comprensión

Conteste las preguntas siguientes con frases cortas.

1. ¿Qué esperan los niños que sea el promontorio que se acerca por el mar? *Barco, Ballena*
2. ¿Por qué es excepcional el ahogado? ¿De qué manera es diferente el ahogado de los otros hombres del pueblo?
3. Al ver que lleva vegetación ¿qué saben las mujeres del ahogado? ¿Qué indican las algas que cubren el cuerpo del ahogado?
4. ¿Por qué se quedan las mujeres sin aliento al limpiar al ahogado?
5. Según las mujeres, ¿cómo habría sido el pueblo si el ahogado hubiera vivido allí?
6. ¿Qué se imaginan las mujeres de la vida del ahogado?
7. ¿Por qué se alegran las mujeres al enterarse de que el ahogado no es de los pueblos vecinos?
8. ¿Por qué quieren los hombres hacer los funerales inmediatamente?
9. ¿Qué sospechan los hombres sobre el ahogado?
10. ¿Por qué cambian de opinión los hombres del pueblo?
11. ¿Cómo son los funerales que se dan al ahogado?

B. Análisis del texto

1. El ahogado inspira una variedad de ilusiones en el pueblo. Especifique las ilusiones que se hacen los niños y las mujeres jóvenes.
2. ¿Por qué deciden las mujeres ponerle el nombre de Esteban al ahogado? ¿Qué significa para ellas este nombre?
3. ¿Qué detalles asocian al ahogado con lo sobrenatural? Fíjese en los cambios operados en el viento y el mar la noche de su llegada.
4. ¿Cómo es el pueblo y su gente antes de la llegada del ahogado? ¿Cómo es el pueblo y su gente después de los funerales de Esteban? ¿Qué impacto ha tenido Esteban en ellos?
5. ¿Cómo anticipan los niños la reacción de los adultos al ahogado? ¿Qué transformaciones experimentan los adultos?
6. ¿Por qué García Márquez haría de Esteban un muerto, un ahogado que viene flotando a la deriva?
7. Indique a cuál o a cuáles de los siguientes tipos de cuento se parece "El ahogado más hermoso del mundo": ¿una alegoría, una leyenda, un mito, un cuento de hadas?

C. Conversación

1. Compare al ahogado del cuento con otros gigantes literarios y legendarios que Ud. conozca de su propia cultura (por ejemplo, Gulliver de la novela de Swift, Paul Bunyan o los gigantes de los cuentos de hadas).
2. Escoja uno de los cuentos de hadas o de fantasía famosos entre los niños de su país y comente: su valor como forma de entretenimiento y los valores sociales y culturales que proporciona a los niños.
3. Compare el esfuerzo didáctico de este cuento con un cuento de hadas de su cultura.
4. ¿Tiene la belleza física o espiritual de un individuo y la belleza artística el poder de cambiar las actitudes y perspectivas de la gente? Explique su respuesta.

D. Temas de composición e investigación

1. "El ahogado más hermoso del mundo" como cuento de hadas.
2. Razones para la popularidad actual de la literatura imaginativa (la ciencia ficción, la novela de aventuras, etc.)
3. La mitificación de una figura histórica hispanoamericana. Escoja entre Pancho Villa (México), Eva Perón (Argentina) y Ernesto "Che" Guevara (Argentina).

Bibliografía breve

Fraser, Nicholas and Marysa Navarro. *Eva Perón.* New York: W. W. Norton and Co., 1981.

Taylor, Julie M. *Eva Perón: The Myths of a Woman.* Chicago: Univ. of Chicago Press, 1979.

Ebon, Martin. *Che: The Making of a Legend.* New York: Universe Books, 1969.

Kunzle, David. "Uses of the Portrait: The Che Poster." *Art in America.* 63 (1975), 66–73.

Guzmán, Martín Luis. *Memoirs of Pancho Villa.* Trans. Virginia H. Taylor. Austin: Univ. of Texas Press, 1965.

Peterson, Jessie and Thelma Cox Knoles. *Pancho Villa: Intimate Recollections by People Who Knew Him.* New York: Hastings House, 1977.

Vocabulario

Vocabulario

This vocabulary includes contextual meanings of all words and idiomatic expressions used in the book except proper nouns, exact cognates, and conjugated verb forms. Spanish alphabetization is followed, with **ch** occurring after **c**, **ll** after **l**, and **ñ** after **n**.

abalanzar to hurl oneself

abarcar to cover; to take in (with the eyes)

abertura opening

aberrante unusual, abnormal

abigeato (el) cattle rustling

abismo (el) abyss

ablandar to soften; to weaken

abogado/a (el, la) lawyer

abortar to miscarry

aborto miscarriage

abrazar to hug, embrace

abrigarse to wrap oneself up

abrojo thistle

aburrir to bore

acá here

acabar to finish
  con to destroy

acalorado/a heated

acantilado (el) cliff

acariciar to caress, stroke

acaso perhaps, by any chance

acceder to agree

acerca de about

acercar (se) to bring near; to approach, get close

acero (el) steel, sword

acierto (el) success

aclarar to clarify

acometer to overcome

acomodar to accommodate, find a place for; to arrange

acomplejar to cause someone complexes or inhibitions

aconsejar to advise

acontecimiento (el) event

acortar to reduce

acosado/a harassed, pursued

acostumbrar to accustom

acotación (la) stage direction

acre bitter

actuación (la) proceeding, performance

actual present day

actualidad (la) present time

acudir to go; to attend, be present
  a to resort

acuerdo agreement
  de acuerdo con according to

acunar to cradle; to rock

achaparrado/a plump and short

adelantar to tell ahead of time

adelgazarse to become thin

ademán (el) gesture, look, behavior, manner

adivinar to guess

adivinación (la) prophecy

admirarse de to be astonished by

advertencia (la) warning

advertir to observe; to warn, advise

aerolito (el) meteoric stone

afanarse to hurry; to get upset

aferrar to grasp, seize
  aferrarse a to cling to

aficionado/a (el, la) fan, enthusiast

afilado/a sharp

afrontar to face

agachar(se) to lower, bend (the head or

body); to crouch, stoop; to cower

agarrar to grab

agitado/a shaken

agotar to use up; to exhaust

agradecer to thank, be grateful

agredir to assault

agregar(se) to add

aguacero/a rain-filled

aguantadero (el) hideout

aguantar to tolerate, withstand

aguardiente (el) strong, inexpensive liquor

agudo/a sharp

aguinaldo (el) Christmas carol

agujero (el) hole

ahogamiento (el) suffocation; drowning

ahogar(se) to suffocate; to drown

ahorrar to save (money)

aislado/a isolated

aislamiento (el) isolation

ajeno/a belonging to another, foreign, alien, unfamiliar

ajustar to settle; to adjust

ala (el) wing

alabar to praise

alba (el) dawn

albañil (el) brick layer

albedrío (el) will, volition

alboroto (el) fuss

alcalde (el) mayor

alcantarilla (la) sewer

alcanzar to be sufficient; to reach; to manage

alcázar (el) fortress

alegar to allege, contend

alegoría (la) allegory

alegrarse de to be happy about

alejarse to withdraw, move away, leave

alentar to encourage

alfiler (el) straight pin

alfombra (la) rug

algo something; somewhat

algodón (el) cotton

aliento (el) encouragement

alimento (el) food

almacenero (el) grocer, warehouse-keeper

alojamiento (el) lodging

alojar(se) to lodge, harbor

alquiler (el) rent

alrededor de around

altamar (el) high sea

alterar to upset

altivez (la) pride, arrogance

altivo/a proud

alto (el) peak

aluvión (el) flood

alzar to raise

amanecer to wake up; to dawn

amanecer (el) dawn

amante (el, la) lover

amargar to embitter

amargo/a bitter

amarillento/a yellowish

amarrar to tie, tie up

ambiente (el) atmosphere

ámbito (el) boundary, limit

ambos/as both

amenazar to threaten

ametrallar to shoot with a machine gun

amistades (las) friends

amo (el) owner; master

analfabeto/a illiterate

ancla (el) anchor

áncora (el) anchor

ancho/a wide

andar to walk

en cuatro patas to walk on all fours

andino/a of or pertaining to the Andes mountains

angarilla (la) stretcher

angosto/a narrow

angustia (la) anguish

anillo (el) ring, wedding ring

animarse to cheer up, become lively; to decide; to get the courage

ánimo (el) mind, mood, spirit

animoso/a cheerful, spirited

anochecer (el) dusk

anonadado/a destroyed; crushed, depressed

anotar to make a note of

ansioso/a eager, yearning

antaño long ago

anteojos (los) eyeglasses

antepasado (el) ancestor

anterior previous

anuncio (el) advertisement

añadir to add

apagar to extinguish

apalear to beat with a stick

aparador (el) show or shop window

aparentar to feign, pretend

aparición (la) appearance

apartar(se) to separate; to go away

apegado/a a close to

apellido (el) surname, last name

apenar(se) to sadden; to feel sad or sorrowful

apenas barely

apiadarse de to take pity on

aplastar to crush, squash, flatten; to put down (a rebellion)

aplicación (la) zeal, industry

apoderar(se) de to

seize, get hold of

apoyar to support; to lean

apreciar to value

aprendiz (el, la) apprentice

apresurar(se) to hurry

apretar to hold tightly, squeeze; to squash
  apretarse contra to press against

aprovechar to take advantage, make use of

aprovechado/a diligent

aproximar(se) to approach

apurar(se) to hurry

arado (el) plow

arañar to scratch

arboladura (la) mast, rigging

arcabuz (el) cross-bow

arcón (el) chest

arder to burn

ardiente burning, in flames

arena (la) sand

aridez (la) barrenness

arista (la) edge

armado/a equipped; endowed

armarse to arm oneself; to get what one wants

arnés (el) harness

arrancar to move on; to pull out; to originate

arrasar to level

arrastrar to pull, to drag

arrebato (el) fit, emotional excess

arrecife (el) reef

arreglar to arrange; to fix

arrendar to hitch, tie up (a horse)

arremedar to mimic

arriero (el) mule driver

arriesgar to risk

arrimarse to get close

arroyo (el) stream

arruinado/a ruined

ascendencia (la) ancestry

asegurar to protect, make safe

asentir to agree

así so
  no más just like that

asiduidad (la) frequency

asiento (el) seat

asistir to attend

asolar to devastate, lay waste

asomarse a to look out from

asombrarse to be amazed, surprised

aspaviento (el) fuss

áspero/a harsh

astro (el) star

asunto (el) matter, business; subject matter, theme

asustar to frighten

atadura (la) tie; fastening

atajo (el) pack, group; short cut

atarantar to stun

atardecer to draw towards evening, grow late

atavío (el) adornment

atender to answer (i.e., the phone)

atentado (el) attack

aterrado/a terrified

atónito/a astounded

atraer to attract

atrapar to trap, catch

atrás behind

atrasado/a behind, backward

atrever(se) to dare

atropellar to rush through; to run over

atroz brutal, atrocious

aumentar to increase

aumento (el) increase

aún still

aun also, till, even

auscultar to examine parts of the body by

listening to the sounds they make through a stethoscope

ausentar(se) to leave

autóctono/a native

auxilio (el) help

avena (la) oatmeal

aventar to blow along

avergonzarse to become ashamed, embarrassed

averiguación (la) inquiry

averiguar to find out

avisar to inform; to warn

aviso (el) warning

ayllu (el) family commune (quechua)

azadón (el) large hoe

azar (el) chance
  al azar de at the mercy of

azúcar (el) sugar

babeante foaming at the mouth

babear to slaver

babor (el) port(side)

bacalao (el) codfish

badulaque (el, la) good-for-nothing, fool

baja (la) fall, reduction

bajo under

bajo (el) bass

balde, en in vain, of no use

ballena (la) whale

balón (el) ball

bambúa (la) bamboo pole

bancario (el) banker

banco (el) bench

bandeja (la) tray

bandera (la) flag

bandoneón (el) concertina

baraja (la) pack or deck (of cards)

barba (la) beard

bárbaro/a tremendous

barbilla (la) chin
barranca (la) ravine
barrera (la) barrier
barriga (la) belly
barrio (el) neighborhood
bastar to be enough, suffice
bastidor (el) frame
bastimento (el) food supply
basurero (el) trash can or dump
bautizo (el) baptism
bellaco/a (el, la) scoundrel
belleza (la) beauty
berreo (el) bellow
bienes (los) goods, wealth
billete (el) bill (paper currency)
biznieto (el) great-grandson
bobo/a (el, la) fool, nitwit
bochinche (el) commotion, uproar
boda (la) wedding
bofetada (la) slap in the face
bolero (el) slow Latin dance music
bolsa (la) stock market; pocketbook
negra (la) black market
bolsillo (el) pocket
borbotón (el) gush (of blood)
borrachera (la) drunkenness
borracho/a drunk
borrar to erase
borrascoso/a stormy
borroso/a blurred
bosque (el) forest
bostezar to yawn
botar to throw out
botavara (la) sail
bote (el) jar; rowboat
boticario (el) druggist
botín (el) booty
boxeador (el) boxer
bramante (el) linen cloth

bravo/a fierce
brillar to shine
brillo (el) shine
brincar to jump, skip, frolic
brizna (la) wisp, fragment
bronce (el) bronze
brotar to gush
brujería (la) witchcraft
brújula (la) compass
brusco/a blunt
buche (el) mouthful
buenamente well
buey de mar (el) sea cow
buque mercante (el) merchant ship
burlarse de to make fun of
burlón/-ona mocking
búsqueda (la) search
butaca (la) theater seat
buzo (el) deep-sea diver

caballero gentleman
cabello (el) hair
caber to fit
cabo (el) place, point
al cabo de at the end of
cabro/a (el, la) goat
cacique (el) political boss
cada each
y cuando every once in a while
cadena (la) chain
caduco/a old, worn out
cafetalero (el) owner of a coffee plantation
cagarse en to shit upon (vulg.)
caída (la) fall
caja (la) box
cajón (el) box, drawer
caldereta (la) holy water bowl
calentar to heat, to warm
caleta (la) cove, bay

calidad (la) quality
cálido/a warm
calificar to grade, rate
de to rate or characterize
caldo (el) broth
calzada (la) highway
callejero/a pertaining to street
camarera (la) waitress
camión (el) bus
campana (la) bell
campaña (la) campaign
campesino/a (el, la) peasant
campo (el) countryside, field
canalla (el) scoundrel
candado (el) padlock
canoa (la) gutter
cansancio (el) fatigue
cansar(se) to tire; to get tired
cantera (la) quarry
cántico (el) chant
cantidad (la) amount
cantina (la) tavern, bar
capa (la) cape
capanga (el) sidekick
capaz capable
capricho (el) whim
captar to capture
carabina (la) rifle
caracol (el) snail
carburo (el) carbide
cárcel (la) jail
carcelazo (el) long stay in jail
carcomido/a worn out
cardumen (el) school of fish
carecer to lack
cargar to carry
con to bring along
de to fill with, load with
cargo (el) charge, post
caricia (la) caress
cariñosamente affectionately
carlinga de altura (la) mast step
carmín (el) scarlet

carne (la) meat
carnero (el) lamb
carraspera (la) hoarseness
carrera (la) race
  a la carrera swiftly
  a toda carrera at full speed
carretera (la) highway
carta (la) chart
casar(se) to marry
cascabel (el) small bell
caserío (el) hamlet
casero/a home-grown
caserón (el) large house
casilla (la) dog house
castigar to punish
castigo (el) punishment
casualidad (la) chance
catadura (la) appearance, face
caución (la) caveat
cautela (la) caution
cazar to hunt
ceder to yield; to diminish
ceja (la) eyebrow
celda (la) cell
celebérrimo/a very famous
celos (los) jealousy
ceniza (la) ash
centrar(se) to focus
cera (la) wax
cercano/a near, close
cerdo (el) pig, pork
cerro (el) hill, mountain
cerrojo (el) bolt
certero/a well-aimed, accurate
certeza (la) certainty
cetrino/a sallow
ciclo (el) cycle
ciego/a blind
cierre (el) closure
cierto/a true, correct
cifra (la) figure, number
cine (el) movies, movie theater
cinta cinematográfica (la) motion picture, film

cintura (la) waist
circuito (el) circuit
circunvalar to surround
cita (la) quote
citar to make a date
ciudadanía (la) citizenship
ciudadano/a (el, la) citizen
clamar to wail
clarín (el) bugle
clausura (la) closing
clausurado/a confined, enclosed
clavar to drive in (a nail, knife)
clave key
clavel (el) carnation
cobardía (la) cowardice
cobrar to collect; to acquire
  fuerza to get strong; to get support
cobre (el) copper
cobro (el) collection (of payment due)
coca (la) coca leaves
cochinada (la) filth
código (el) code (of laws)
cojincillo (el) pin cushion
cojo/a lame
cola (la) tail
colar to filter
colchón (el) mattress
cólera (la) rage
colgante hanging
colgar to hang
colina (la) hill
colocar to place
colorado/a red
comadrear to gossip
comal (el) stone disk for cooking tortillas
comarca (la) territory
comemierda (el, la) jerk (vulg.)
comerciante (el, la) merchant
comisario (el) police chief, commissioner
cómodo/a comfortable

compacto/a thick, dense
compadrazgo (el) kinship
compartir to share
complacer to please; to accommodate
  complacerse en to take pleasure in
comportamiento (el) behavior
comprometerse to commit oneself; become involved
compuesto/a composed
comunero/a member of a village community
concedido/a granted, bestowed
concebir to conceive
  concebirse en to imagine
conceder to grant
concentrar(se) to focus
concurrente (el) person in attendance, (pl.) audience
concurrir to attend; to frequent
condena (la) sentence
condenado/a condemned
conducir to drive; to convey; to lead from one place to another
condecorar to decorate (with honors, medals, etc.)
conejo/a (el, la) rabbit
conferencia (la) lecture
confianza (la) trust, confidence
conformarse con to resign oneself to
confluir to converge
conforme as soon as
congelar(se) to freeze
congoja (la) anguish
conjunto (el) group
conmover(se) to be moved to pity
conocimiento(s) (el, los) knowledge

consagración (la) fame

conscripto (el) conscript, draftee

consignación (la) legal statement

consolar to comfort, console

constar to bear in mind

consuelo (el) consolation, relief

consumar to shut off; to finish

contar to count; to tell (a story); to matter

con to depend on

contarse entre to include oneself

contener to contain

contenido (el) content

contiguo/a adjoining, adjacent

contra, en contra against

contratar to hire

contundente overwhelming, conclusive

conveniencia (la) convention; profit

convenir to be advisable

convertir(se) to become

convidar to invite

convivencia (la) coexistence

convocar to call together, convoke

copa (la) tree top, drink

copla (la) popular song, ballad

coquí (el) tree frog

coraje (el) courage, spunk

coraza (la) covering, armor

corbata (la) necktie

cordero (el) lamb

cordón (el) cord, decorative braid

coro (el) chorus

coronita (la) small wreath

correa (la) belt

correo (el) mail

correrse to move over

corresponsal (el) correspondent

corriente ordinary, commonplace

corriente (la) current

corteza (la) peel (of fruit); bark (of tree)

cosecha (la) crop, harvest

coser to sew

costar to cost; to be difficult

costero/a coastal

costra (la) crust

costumbre (la) custom

costurera (la) seamstress

cotidiano/a everyday

crear to create

crecer to grow

crecimiento (el) growth

creencia (la) belief

crepúsculo (el) twilight

criar(se) to raise; to be raised

crispado/a on edge

cristal (el) glass

crucigrama (el) crossword puzzle

cronista (el, la) chronicler

cuaderna maestra (la) midship frame

cuadrado (el) square

cuadrado/a square

cruzar to cross

cuadro (el) picture, painting

cuadrúmano (el) ape

cuán how

cuarenta (los) forties (age)

cuclillas, en squatting

cuchara (la) spoon

cuchillo (el) knife

cuello (el) neck

cuenta (la) bill; bead; count

cuerno de la abundancia (el) horn of plenty

cuero (el) leather

cuesta (la) slope

a cuestas on one's shoulders or back

cuidar to take care, watch out for

culebra (la) snake

culpa (la) fault, blame

culpable guilty

cultura de masas (la) popular culture

cumplir to fulfill; to obey; to be years old

curtido/a tanned (leather)

custodia (la) guard

custodiar to guard

chaleco (el) vest, waistcoat

chambelán (el) escort

charca (la) pool, pond

charco (el) puddle

charol (el) patent leather

chicle bomba bubble gum

chicha (la) type of alcoholic beverage

chiquillería (la) crowd of children

chillido (el) cry, shriek

chispa (la) spark

chisme (el) gossip

chiste (el) joke

chocar to hit

chorrear to drip, spurt, spout

chorro (el) spurt

chueco/a crooked

chulo/a cute, pretty

dama (la) bridesmaid

dar(se) to give

a to open onto, to face

la gana to feel like

lástima to pain, evoke pity

vuelta a to turn over or around

vueltas to go around in circles

darse to give (oneself); to take place

a to throw oneself into (an activity)

cuenta de to realize
el caso to happen
el lugar to behave accordingly
por to persist in
deberse to own oneself
decretar to decree
dédalo (el) labyrinth
dedo (el) finger
defecar defecate
deficiencia (la) defect
dejar to leave
de to stop
deletrear to spell
delinquir to break the law
deliquio (el) rapture
demás rest, remainder
por lo demás apart from this, as for the rest
demonio (el) devil
demorar to take time
demorarse to stay, remain
denunciar to condemn
deprimido/a depressed
derecho (el) right
deriva drift
a la deriva adrift
derramar to pour
derretido/a melted
derrocamiento (el) removal (from power)
derroche (el) extravagance
derrotar to defeat, conquer
derrumbadero (el) precipice
derrumbar(se) to fall down, to collapse
derrumbe (el) collapse
desabrazar(se) to come out of an embrace
desafiar to challenge, defy
desafío (el) challenge
desafinadamente in an off-key manner
desaforadamente excessively

desaforado/a illegal
desajuste (el) malfunction; break down
desangrar(se) to bleed to death
desaprovechar to not take advantage, waste
desarmar(se) to fall to pieces
desarrollar to develop
desarrollo (el) development
desatado/a unrestrained
desatar(se) to undo, loosen, untie; to come apart, undone
desbandada (la) rout, disorderly flight
desbaratar to wreck
desbordar to overflow
descalabrar(se) to knock one's head
descalzo/a barefoot
descarado/a shameless
descargar to unload
descompuesto/a decomposed
descomunal enormous
desconcertado/a baffled
desconfianza (la) lack of trust
desconocido/a (el, la) unknown person
descubridor/a (el, la) discoverer
descubrir to discover
descuido (el) negligence
desdoblado/a split apart
desdoro (el) shame
desechar to waste, to reject, to discard
desempeñar to carry out
desempleo (el) unemployment
desencuentro (el) loss
desenfrenado/a unrestrained, wild
desengañado/a disillusioned

desenlace (el) resolution, outcome
desenredar to untangle
desenterrar to dig up
desentumecer to revive
desescamar to scale
desfalco (el) embezzlement
desfallecer to swoon
desfilar to parade
desfile (el) parade
desgarrado/a brazen, shameless
desgarrador/a bloodcurdling
desgarrar to tear, to rip
desgracia (la) unfortunate event
desgranar to husk
deshabillé (el) dressing gown, house coat
deshabitado/a abandoned
deshabitar to vacate
desigualdad (la) inequality
deslavado/a weak, worn out, eroded
deslizar(se) to glide
de to slip out of
deslumbrante dazzling
desmantelar to demolish
desmaquillar to take off make-up
desmayar(se) to faint
desnudo/a naked
desocupado (el) unemployed
despabilarse to wake up; to get going
despacho (el) office
desparejo/a different; uneven
desparramado/a dispersed
despedir to fire (from a job)
desperdigar to scatter
desplomarse to collapse
despojar to strip, rob

despojo (el) cast-off remains, rubbish
despotricar to rant
despreciar to scorn
desprender(se) de to come out of
desprevenido/a unprepared
desprovisto/a de devoid of
destacar(se) to emphasize; to stand out
desteñido/a faded
destapar to uncover
desterrado/a exiled
destinar to assign
destrozar to destroy
desvalido/a helpless
desvarío (el) madness
desventaja (la) disadvantage
desviar to divert
desvío (el) detour
detener(se) to detain, arrest; to stop
diario/a daily
diario (el) daily newspaper
dibujo (el) outline, sketch
dichoso/a happy
dictar to prescribe, command; to suggest; to direct
difuminar(se) to disappear, vanish
difunto/a dead person
directorio (el) directive; directory
dirigente (el/la) leader
dirigirse a to address, speak to
disconformidad (la) nonconformity
discutir to argue; to discuss
disfrutar to enjoy
disgusto (el) annoyance
disparado/a en shot into
disparo (el) shot (of a gun)
dispuesto/a set, ready
distanciamiento (el) distancing

distinto/a distinct
distraer to distract
distraerse to amuse oneself
distraído/a inattentive
diversión (la) entertainment
divisar to see
doblar(se) to double up; to bend
doler to hurt, ache
dominical pertaining to Sunday
dominio (el) dominance
dorado/a golden
dotar to provide
dramaturgo/a (el, la) playwright
duda (la) doubt
dueño/a (el, la) owner
dulce sweet
dulzura (la) sweetness
durar to last, endure
durazno (el) peach
dureza (la) hardness, harshness
duro/a harsh, hard

ebriedad (la) drunkenness
ebrio/a drunk
echar to throw out; to fire
  de menos to miss
  el cerrojo to bolt (a door)
  llave to lock
echar(se) a to begin
economía (la) economy
  estar de economía to be on a tight budget
eficaz efficient
ejercer to practice (a profession); to exercise
ejército (el) army
elegir to elect, choose
eludir to avoid
embajador/a (el, la)

ambassador
embarazo (el) pregnancy
embrutecerse to become irrational, stupid
emocionante exciting, thrilling
empapado/a soaked
emparejar to match
empedrado/a of stone
empeño (el) effort
empeorar to get worse
empleado/a (el, la) employee
emplear to use
empleo (el) job
empobrecimiento (el) impoverishment
empresa (la) company; undertaking
empujar to push
enajenar to transfer, give away
enamorado/a in love
enano/a dwarf
encadenar to put in chains
encaje (el) lace
encalado/a whitewashed
encantar to delight
encanto (el) charm
encarcelar to imprison
encargar to carry out
  encargarse de to take charge of
encarnado/a red
enceguecido/a blinded
encendedor (el) cigarette lighter
encender to light
encendido/a bright; inflamed, burning
encerrar to shut in
encía (la) gum (of the mouth)
encima above, overhead
  de on top of, over
  por encima superficially
encinta pregnant, pregnant woman

encoger to shrink
  encogerse de hombros to shrug one's shoulders
encogido/a doubled up
encuentro (el) meeting, encounter
endemoniadamente devilishly
enderezar(se) to straighten up
endurecido/a hardened
enfrentado/a confronted
enfilar to follow
  hacia to head towards
engañar to deceive
engaño (el) deception
engordar to gain weight
engreído/a conceited
enloquecer to drive insane
enojado/a angry
enredo (el) mess
enrollar to roll up
enroscado/a curled, twisted
ensartar pierce; thread (a needle)
ensayar to test; to rehearse
enseñanza (la) teaching
ensombrecido/a darkened
ensoñación (la) daydream
entender(se) con to handle
enterarse de to find out
enterrar to bury
entonar to sing
entrar a pique to plunge into
entreabrir to open slightly
entrecortado/a broken
entrega (la) earning
entregado/a surrendered
entregar to hand (over)

entretener to entertain
entretenimiento (el) entertainment
entrever to glimpse
entrevista (la) interview
entrevistar to interview
envasar to put into a container
envase (el) packaging
envejecer to become old
enviar to send
envidiar to envy
envío (el) shipment
envolver to envelop; to wrap; to cover
envuelto involved
equilibrista (el, la) tight-rope walker
equitación (la) horseback riding
equivocación (la) mistake
equivocarse to make a mistake
errata (la) error in writing or printing
erróneo/a false, incorrect
escafandra (la) diver's suit
escala (la) stop-over
escaldado/a burned; wary
escalofriar(se) to shiver
escalón (el) step
escarcha (la) frost
escarpado/a steep
escaso/a negligible; skimpy, scarce
escenario (el) stage
esclavo/a (el, la) slave
escoger to choose
escolar (el, la) student
escolta (la) guard
esconder to hide
escuálido/a emaciated
escudo (el) shield
escupir to spit
escurridizo/a slippery
esfuerzo (el) effort
esoterismo (el) occult sciences

espalda (la) back
espanto (el) fear
esparto (el) grass
especie (la) type
espectáculo (el) show
espejo (el) mirror
esperanza (la) hope
espeso/a thick
espina (la) thorn
espinazo (el) back, spine
esposo/a (el, la) husband, wife
espumoso/a foamy
esquela (la) obituary notice
esquema (el) structure
esquina (la) corner
esquivar to avoid
esquive (el) dodge, duck
estacionamiento (el) parking, parking lot
estado state
  de ánimo (el) mood, state of mind
  libre asociado commonwealth
estante (el) bookshelf
estatura (la) statue
este (pause word)
estilo (el) style
estirar to stretch
estoperol (el) tack
estorbar to be in the way
estorbo (el) burden, obstacle
estrechamente closely; intimately
estrechar to hold (in one's arms)
  la mano to shake hands
estrechez (la) narrowness; poverty
estrecho/a narrow; tight
estrella (la) star
estremecer to shake, make tremble
estremecimiento (el) shaking
estrenar(se) to release (a film)

estreno (el) debut, first run

estrépito (el) noise, din

estribación (la) spur of mountain

estrofa (la) strophe, stanza

estropear to break, ruin

estupefacto/a astonished

eternizar(se) to eternalize; to spend an eternity

etiqueta (la) formality

eventual unexpected

evitar to avoid

exaltado/a excited

excavar to dig

exigencia (la) requirement

exigir to demand

exiliado/a exiled

éxito (el) success

explotado/a exploited

exponer to explain, expound

expósito/a abandoned

extranjero/a foreign

extrañar to miss

extraño/a strange, odd; unconnected with, alien to

extraviar to lose, misplace

fábrica (la) factory

facultad (la) faculty; power, ability

facultativo (el) doctor, surgeon

fachada (la) facade, front

falacia (la) fallacy

falsear to misrepresent

falta (la) lack

faltar to lack, miss

falúa (la) small boat

falla (la) weakness, imperfection

familiar belonging to a family

familiares (los) relatives

fantasma (el) ghost

fascinar to enchant; to like

fastidioso/a bothersome

fatigar to tire

fehaciente certified

felicitación (la) congratulations

felicitar to congratulate

feroz cruel

ferretería (la) hardware

fiel faithful; accurate

fierro (el) iron

figurar(se) to appear; to imagine that

fijarse en to notice, pay attention to, observe

fila (la) line, row

filigrana (la) delicate fine piece of work

filípica violent criticism

fin (el) end
    al fin y al cabo after all

final (el) end
    a finales de at the end of

financista (el) financier

fingir to feign, pretend

firmar to sign

flagelo (el) calamity

flauta (la) flute

fletar to charter

florecer to bloom; to flourish

florecimiento (el) flourishing

florido/a flowery

fluvial pertaining to rivers

fogón (el) kitchen stove

follaje (el) foliage

fomentar a to foster, encourage, promote

fondear to ride at the bottom of the ocean

fondo (el) background; bottom; depth
    a fondo thoroughly
    al fondo in the background
    en el fondo basically

forastero/a (el, la) stranger, outsider

forjar to forge

formación (la) upbringing

fortalecer strengthen

fósforo (el) match

fracasar to fail

fragua (la) forge

franja (la) border

franquear to cross, pass through

frasco (el) bottle with narrow neck

frecuentar to visit often

freno (el) horse's bit

frente (la) forehead

frente a in regard to; facing

friolento/a cold; susceptible to the cold

frontera (la) border

fruncir to pucker

fuente (la) source

fuera outside

fuereño/a (el, la) stranger, outsider

fuerte strong; obstinate

fuerza (la) strength, force
    armadas (las) armed forces
    de seguridad (las) security forces

fulguración (la) brilliance, gleam

fulgurar to flash, sparkle

fumar to smoke

fundador (el) founder

fúnebre funereal, gloomy

furtivo/a furtive, concealed

fusil (el) gun

futbolista (el) soccer player

gabán (el) overcoat
gala formal, full dress
galán (el) elegant fellow; actor
galardonado/a rewarded
galleta (la) cracker
gallina (la) hen
gallo (el) rooster
gana (la) desire, wish
  sin ganas unenthusiastically
ganar to earn
garete, ir(se) al to go adrift
garganta (la) throat
géneros (los) goods
genio (el) temper; disposition
  estar de mal genio to be in a bad mood
gasto (el) expenditure, expense
gesto (el) gesture
gerente (el) manager
gestionar to negotiate
gigante (el) giant
girar to revolve, turn
girasol (el) sunflower
gobierno (el) government
golondrina (la) swallow
golpe (el) blow; coup d'etat
  de glope suddenly
golpear to hit, strike
gorguera (la) ruffled collar
gota (la) drop
gotear to drip; to give in driblets
gozar to enjoy
grabación (la) recording
grabar to etch; to record
grada (la) step
grandeza (la) grandeur
grano (el) nugget
gratis free, for nothing
grato/a pleasant
gravemente seriously
griego/a Greek

grieta (la) crevice
grillo (el) cricket
griterío (el) shouting; uproar
gruñir to growl
gruñón–ona grouchy
gruta (la) grotto, cave
guacamaya (la) macaw
guano (el) bird droppings; fertilizer
guardar to maintain, to save; to put away
guerrero/a (el, la) warrior
guía (la) guidebook
guiar to guide
guiñar to wink; to squint
guiño (el) wink

hacendado (el) owner of large estate
hacer to do; to make
  agua to sink
  alarde to flaunt
  gracia to amuse
  la cuenta to enumerate
  la ilusión to have hopes
  pedazos to crush
hacerse to become
hacerse cargo de to take charge of
hada (el) fairy
halagar to praise
hallarse to find oneself
hambriento/a hungry, starving
harina flour
harto/a fed up
hazaña (la) great deed, adventure
hecho (el) fact, event
hecho/a done, finished
  y derecho/a through and through
hediondo/a stinking
helado/a freezing
helada (la) freezing weather
heladera (la) refrigerator

hembra (la) female
hendidura (la) crevice
heredero (el) heir
herida (la) wound
hervir to boil
hierático/a solemn
hierba (la) grass
hierro (el) iron
hígado (el) liver
hilar to weave
hilo (el) thread; telephone line
hincado/a kneeling down
hincar(se) to kneel
hinchado/a swollen
hogar (el) household
hogareño/a domestic; pertaining to a household
hoguera (la) bonfire
hoja (la) leaf
hojear to thumb through
hombro (el) shoulder
hondo/a deep; profound
honradez (la) honesty
hora (la) hour
  a última hora at the last minute
horda (la) mob
horno (el) oven
hoyo (el) hole, pit
huelga (la) strike
huella (la) trace, sign
huérfano/a (el, la) orphan
hueso (el) bone
huida (la) flight
huir to flee
humeante smoking
humedecer to dampen; to get wet
humo (el) smoke
humor humor; mood
  estar de (buen, mal) humor to be in a (good, bad) mood
hundimiento (el) sinking; collapse, downfall
hundir to plunge; to sink
huso (el) spindle

ida (de ida) departure, going
igual the same
imantado/a magnetized
imperturbable immovable
imponer to impose
importar to be important to; to matter
imprenta (la) printing press
impreso/a printed
imprevisto/a unforseen
impuesto (el) tax
impunemente with impunity
incapaz incapable
incluso even
incoloro/a colorless
inconteniblemente irrepressibly
increpar to rebuke, reprimand
incubar(se) to hatch
inculcar to implant (ideas, values)
índice (el) index finger
indicio (el) clue
índole (la) nature, character
indolencia (la) apathy
ineficaz inefficient
inerme defenseless
inexorablemente relentlessly
infame disgusting
infancia (la) childhood
inflamado/a stirred up, excited
infrahumano/a unworthy of human beings
inmutar(se) to become worried or agitated
inquietar to disturb, perturb
inquietud (la) worry
inscrito/a registered
insoportable unbearable
instalar(se) to establish oneself
intentar to try
interlocutor/a (el, la) speaker
interpretar to act

intruso/a (el, la) intruder, interloper
inundar to fill; to flood
invernadero (el) greenhouse
inverosímil unlikely; hard to believe
inveterado/a confirmed; deep rooted
irreconocible unrecognizable
irresoluble unsolvable
isla (la) island

jacinto (el) hyacinth
jalar to pull, yank
jarro jug
jefatura (la) police headquarters
jefe (el) boss
jerarca (el) high official
jeta (la) thick-lipped mouth
　　parar la jeta to put on a long face
jíbaro (el) peasant (Puerto Rico)
jota (la) jot, bit
jubilar(se) to retire
júbilo (el) joy
judío/a Jewish
juego (el) game
juez (el) judge
jugar to play
　　jugar(se) la vida to risk one's life
jugo (el) juice
juguetear to toy with
junto/a together
　　junto a next to
juntura (la) seam; joint
jurar to swear
juventud (la) youth
juzgar to judge

labio (el) lip
laboral pertaining to work
ladeado/a tilted

lado (el) side
ladrar to bark
ladrido (el) bark
ladrón–ona (el, la) thief
lagartija (la) lizard
lágrima (la) tear
lameculos (el) asskisser (vulg.)
lámina (la) picture, print
languidecer to languish
lanzar to hurl
　　lanzarse a to dive into; to embark on
largo/a long
　　a la larga in the long run
　　a lo largo de along, through
lastimero/a pitiful
lata (la) tin can
latifundio (el) large, privately-owned estate
latifundista (el) owner of a large estate
latigazo (el) lashing
látigo (el) whip
lavanda (la) lavender water
lealtad (la) loyalty
legítimo/a genuine
legua (la) land measurement equivalent to 3½ miles
lejano/a distant
lengua (la) tongue
lentitud (la) slowness
leña (la) firewood
leontina (la) watch chain
letrero (el) sign
ley (la) law
leyenda (la) legend
liceo (el) high school
lienzo (el) canvas
liga (la) garter
ligado/a linked
ligero/a light
lingote (el) ingot
linterna de pilas (la) flashlight
litoral (el) coast
loado/a praised
locura (la) craziness

locutor/a (el, la) announcer
lodo (el) mud
lograr to obtain; to achieve
logro (el) achievement
lomo (el) ridge
loro (el) parrot
lucido/a beautiful
lucir to wear; to look one's best; to illuminate
lucha (la) fight
luchar to fight; to struggle
lúgubre gloomy, dismal
lujo (el) luxury
luna (la) moon
luto (el) mourning

llama (la) flame; **llama en llamas** aflame
llamado/a so-called
llano (el) plain, level ground
llanto (el) cry
llanura (la) plain
llenar to fill
llevar to carry; to wear (clothes)
  a cabo to carry out
  a cuestas to carry on one's shoulders or back
  en brazos to carry in one's arms
  llevarse a las mil maravillas to get along well
  llevarse bien con to get along with; to thrive
lloroso/a weeping, tearful
llover to rain

macho (el) male
madrugada (la) dawn, daybreak
maduro/a mature
maestría (la) skill

magnate (el) tycoon
maíz (el) corn
maizal (el) corn field
majadería (la) nonsense
majadero/a foolish, troublesome
malacrianza (la) bad manners
mal de ojo (el) evil eye
maldecir to curse
maldito/a damned
malestar (el) malaise; uneasiness
maletera (la) trunk (of car)
maltratar to mistreat
malvado/a (el/la) wicked person
mamadera (la) baby bottle
manantial (el) spring (water)
manco (el) maimed man
mancha (la) spot
manchar to stain
mandato (el) command
manera (la) manner
  de manera que so that
  de todas maneras in any case
manga (la) sleeve
manejar to handle
mano de obra (la) workforce
manotazo slap or blow with the hand
manso/a gentle, mild
manta (la) blanket
mantener to support financially
mantilla (la) baby blanket
marcadamente notably
marco (el) framework
marcha (la) running, advance, march
marchar(se) to leave
mareado/a drunk; dizzy
marear to navigate
marear(se) to become

seasick
mareo (el) dizziness, nausea
margen margin
  al margen de on the fringe of, on the edge of
maricón (el) homosexual man (vulg.)
marinero (el) sailor
mariposa (la) butterfly
más more
  allá (el) after-life
  bien rather
mascar to chew
máscara (la) mask
mascullar to mutter
matanza (la) massacre
matiz (el) nuance
matorral (el) bramble, thicket
medida (la) measure
  a medida que as, while
medio (el) middle; means, way
medir to measure
medusa (la) jelly fish
mejilla (la) cheek
mejora (la) improvement
mejorar to improve
meloso/a sweet, syrupy
mendigar to beg
mendigo (el) beggar
menesteroso/a needy
mensual monthly
mentiroso/a liar
menudo minute, small
  a menudo/a often, frequently
mercadería (la) merchandise
mercado de valores (el) stock market
merced (la) mercy
merecer to deserve
mero/a slightly
mesero/a (el, la) waiter, waitress
meta (la) goal
meter to put in
  bulla to make noise

mezcla (la) mixture
mezclar to mix
mezquino/a puny
miel (la) honey
mierda (la) shit (vulg.)
milagro (el) miracle
minucioso/a detailed
mirada (la) gaze, look
mirar to look
  de reojo to look out
  of the corner of one's
  eye
mirilla (la) peephole
mito (el) myth
mocoso/a (el, la)
  snotty-nosed kid
  (vulg.)
moda (la) fashion
  estar de moda to be
  fashionable
modelo (el) dress style
modelo (la) woman
  model
modo (el) manner
mojar to moisten
molestar(se) to
  bother; to become
  annoyed
molestia (la) trouble
momia (la) mummy
moneda (la) coin
mono/a (el, la) monkey
monte (el) mountain
montón (el) pile
montura (la) mount
morder to bite
mordisco (el) bite
mortificado/a
  annoyed, irritated
mostrar to show,
  demonstrate
mover to move on; to
  go ahead with; to
  motivate
mudamente silently,
  mutely
mudar(se) to move
muelle (el) dock
muestra (la) indica-
  tion
mugre (la) filth, grime
muleta (la) crutch
muñeco/a (el, la) doll;
  (f.) wrist.
murmullo (el) murmur
muro (el) wall

nacer to be born
nadar to swim
naturaleza (la) nature
naufragio (el) ship-
  wreck
neblina (la) fog
necio/a ignorant, fool-
  ish
negar to refuse; to
  deny
nevera (la) refrigera-
  tor
negocio (el) business
nieto (el) grandson
nítido/a sharp
nivel (el) level
nómina (la) list
norma (la) standard
novelero/a (el, la)
  thrill-seeker
novia (la) bride
noviazgo (el)
  betrothal, engage-
  ment
nube (la) cloud
  aguacera rain cloud
nudo (el) knot
nuez (la) nut; walnut

obra (la) work
obrero/a (el, la) man-
  ual worker, laborer
obstante hindering
  no obstante never-
  theless
ocioso (el) idle man
ocultar to hide
oculto/a hidden
odio (el) hatred
oficiar to serve as
oficio (el) occupation,
  work
ola (la) wave
oleada (la) wave
oler to smell
oliva (la) olive
olor (el) odor
ombligo (el) navel
opaco/a obscure, dull;
  uninteresting
operado/a acted upon
opinar to believe; to
  offer or state one's
  opinion

oprimir to oppress; to
  press
optar to choose
oración (la) sentence,
  prayer
ordenación (la) order
oreja (la) ear
orgullo (el) pride
orgulloso/a proud
orilla (la) edge; bank
  (river)
  a la orilla de at the
  edge of
orinar to urinate
orla border, edge
oro (el) gold
oscilante oscillating,
  swinging
oscuridad (la) dark-
  ness
oscuro/a dark
ostensible obvious,
  clear
oyente (el, la) auditor

pabellón (el) small
  building
pacotilla (la) junk
padrino (el) godfather
palo (el) stick
  de piso (el) mop
  mayor (el) main
  mast
paloma (la) dove
pancarta (la) poster,
  placard
pantalón de baño (el)
  men's bathing suit
pantalla (la) screen
  (television or cinema)
pañuelo (el) handker-
  chief
papel (el) role; paper
par (el) pair
paraíso (el) paradise
paradero (el) where-
  abouts
paranera (la) pasture
  land
parapetar(se) to barri-
  cade oneself
parar(se) to stop; to
  stand up
parecer to look like;
  to seem

pareja (la) couple
pariente (el, la) relative
parir to give birth
paro (el) strike, work stoppage
parpadear to blink
párpado (el) eyelid
partida (la) lot, crew
partido (el) political party
partir to depart
  a partir de as of, from (this moment, that date, etc.)
parvada (la) flock
pasa (la) raisin
pasage (el) passage; total number of passengers
pasajero/a (el, la) passenger
pasar to pass
  de moda to be outdated
  pasarse to leak
  pasarse el rato to pass the time
pascua (la) poinsettia
pasear to take a walk or stroll
pasillo (el) hall
paso (el) step; way of walking
pastar to graze
pastilla (la) pill
pasto (el) grass
pastor (el) herdsman
pata (la) foot or leg of an animal
patear to kick
patrocinar to sponsor; to support
patrón/-ona (el, la) employer, boss; patron saint
pectoral (el) breastplate
pecho (el) chest, bosom
pedazo (el) piece
pedido de auxilio (el) cry for help
pegar to hit, strike; to glue, stick
  pegar(se) a to hold onto, to cling to

pejiguera (la) nuisance
pelear to fight
película (la) film
peligro (el) danger
pellejo (el) hide
pena (la) grief
penal (el) prison
pender to hang
pendiente (la) slope
penoso/a painful; distressing
pensamiento (el) thought
penumbra (la) darkness
peña (la) rock
peñón (el) steep hill of rock
percibir to sense
perfil (el) profile
periodista (el, la) journalist, newspaper reporter
permanecer to remain
perno (el) bolt
perrera (la) kennel
perseguir to pursue
persignarse to make the sign of the cross
personaje (el, la) character
pertenecer to belong
pesadilla (la) nightmare
pesado/a heavy
pesar to cause regret; to weigh
  a pesar de despite
pesca (la) fishing
pescador (el) fisherman
pese a despite
peso (el) weight, heaviness; burden
peste (la) evil
pico (el) beak
picotear to peck
pie (el) foot
  al pie de at the foot of
  de pie standing
piedra (la) rock, stone
piel (la) skin; leather
pierna (la) leg
pieza (la) room (in a house)

pilote (el) pile
piltrafa (la) wreck
  en piltrafas in rags
pino (el) pine tree
pintar(se) to put on make-up
pisar to walk on; to step on
piso (el) floor
pista (la) dance floor
placer (el) pleasure, joy
planchar to iron
planta (la) sole (of the foot)
  plantado/a footed
plantar to plant, sow
plasta (la) soft mass
plata (la) money; silver
platicar to chat
plenamente fully
plomizo/a lead-colored
pobreza (la) poverty
poder (el) power, power structure
poderoso/a powerful
polarizar to polarize
polvo (el) dirt, dust
polvoriento/a dusty
pollo (el) chicken
poner to put, place
  patitas afuera to throw someone out
  ponerse a +
  infinitivo to begin + infinitive
  poner(se) al día to get up to date
  poner(se) de pie to stand up
  poner(se) en fila to form a line
porfiado/a stubborn
poro (el) pore
porquería (la) filth
portón (el) large door
porvenir (el) future
pozo (el) well; hole
precavido/a guarded
precio (el) price
premio (el) prize
prenda (la) piece of clothing
prender to light; to turn on

prescindir to dispense with, leave out of the question

preso/a imprisoned

preso/a (el, la) prisoner

prestado/a borrowed

préstamo (el) loan

prestar to loan

presupuesto (el) budget

presuroso/a quick, hurried

pretencioso/a (el, la) snob

prevenir to warn

previsión (la) foresight

primo/a hermano/a (el, la) first cousin

principiante beginner, novice

prisa (la) speed

  a toda prisa very rapidly, as quickly as possible

  de prisa quickly, rapidly

privar to deny, to deprive

probar to taste

procaz insolent, bold, daring

procurar to try

prodigar to lavish

pródigo/a generous

producirse to occur

profanado/a debased, abused

profundo/a deep

prohibido forbidden

promedio (el) average

promontorio (el) promontory, bulk

promover to promote

propalar to reveal

propicio/a favorable

propiedad (la) property

propina (la) tip

propinar to give (a blow)

propio/a de particular to, characteristic of

proponer to propose, plan

propósito (el) intention, resolve

a propósito de on the subject of, speaking of

proteger to protect

público (el) audience

pudibundo/a prudish, modest

pudor (el) modesty

pueblerino/a rural, pertaining to a village

puesto (el) position, job

puesto que because, inasmuch as, since

pulga (la) flea

pulgada (la) inch

pulgar (el) thumb

pulido/a polished

pulpo (el) octopus

puna (la) mountain plateau (Andes)

punta (la) point

  en punta sharpened, ready

puntada (la) stitch

punto (el) point

  a punto de about to

punzante sharp

puñado (el) handful

puñalada (la) stab (with a dagger or knife)

puñito small fistful (dim.)

puta (la) whore (vulg.)

quebrada (la) gorge

quebrar to break

quedar(se) to stay; to turn out

  quedar en to agree to

  quedar mal to make a bad impression

queja (la) lament; complaint

quejar(se) to complain

quejido (el) lament, moan

quemadura (la) burn

quemar to burn

quemarropa, a at point blank range

quena (la) type of reed flute

querella (la) complaint

químicamente chemically

quinina (la) quinine

quincena (la) half-month's pay

quinqué (el) oil lamp

rabia (la) fury, anger, rage

racimo (el) cluster

raíz (la) root

  a raíz de as a result of

rajar to crack, to split

rama (la) branch

ramo (el) bouquet

rapaz (el, la) youngster

rascacielos (el) skyscraper

rascar(se) to scratch

rasgo (el) trait, feature

raspar to scrape

rato (el) moment

  a cada rato every few minutes

  de a ratos from time to time

  hace rato a while ago

ratón (el) mouse

rayo de luna (el) moonbeam

raza (la) race

realización (la) carrying out

realizar to carry out

rebanar to slice

rebaño (el) flock

rebeldía (la) rebellion

recado (el) message, note

recién recently

recinto (el) precinct

reclamar to demand

recoger to pick up; to gather; to put away

reconocimiento (el) recognition

recortar to cut off
recorrer to travel; to go over
recostado/a reclining
recuerdo (el) memory
recular to walk backwards
recuperar to regain
recurso (el) resource
rechazo (el) rejection
red (la) net; network
redacción (la) editorial room
redactar to edit; to compose
redoble (el) drum roll
reemplazar to replace
reencuentro meeting
regalar to give away; to give as a gift
regalo (el) gift
regañar to scold
regaño (el) scolding
regar to water, irrigate
regateo (el) bargaining
registrado/a searched
regocijo (el) delight
reino (el) kingdom
reivindicar to recover
reja (la) grating, iron bar
reliquia (la) relic
reloj pulsera (el) wrist watch
relucir to show off
rememorar to recall
remolcar to tow, drag
remolino (el) whirl
remontar(se) to go back
rencor (el) rancor, ill will, animosity
rendija (la) crack
reno (el) reindeer
renombre (el) renown, fame
repartir(se) to divide up; to distribute
reparto (el) distribution
repechar to climb up
repente (el) start, sudden movement
de repente suddenly

repentino/a sudden
reprender to reprimand
reprimir to repress
repudiar to reject
requerir to demand, require
requisito (el) requirement
resaca (la) hangover
resbalar(se) to slip
rescatar to rescue; to release
resecar to dry up, dry out
resfrío (el) cold (upper respiratory infection)
resistir to withstand
resolana (la) sun glare
respaldar to back, support
respiradero (el) air vent
restar to take away, reduce
resto (el) remains
resuello (el) breathing
resultado (el) outcome
resultar to result, turn out
resulta que it so happens that
resumen (el) summary
resumir to summarize
retachar to go back and forth
retaguardia (la) rearguard
retirar to withdraw
retoñar to sprout
retrato (el) picture, portrait
retroceder to retreat
reunir(se) to gather; to meet
reventar to split open, burst
revestir to cover
revoltoso/a unruly
revuelo (el) agitation, commotion
reyada (la) celebration of Three Kings feast day
rezongar to grumble
riego (el) irrigation

riesgo (el) risk
rigidez (la) rigidity
rigor (el) rigor; severity; harshness
de rigor prescribed by the rules, essential, obligatory
en rigor strictly, exactly
rigoroso/a strict
rincón (el) corner
riqueza (la) wealth
ristra (la) string, bunch
rocalloso/a stony
rodar to roll
rodear to surround
rodilla (la) knee
rogar to plead, pray
rollo (el) roll (of film)
roncamente hoarsely
rosal (el) rose garden
rostro (el) face
rotular to label
rugido (el) roar
rugiente roaring
rugir to roar
rumbo (el) direction
rumbo a on the way to
rumorear to rumor, spread a rumor

sábalo (el) shad (a fish)
saber to know
a saber namely
saber a to taste like
sabio/a wise
sabor (el) taste
saborear(se) to taste, to relish
sacar to take out; to pull out; to take (a photograph)
sacerdote (el) priest
saco (el) pack, sack; bag; jacket
salida (la) exit; escape
salivazo (el) spittle
saltar to miss; to jump
saltarse to skip over

salto (el) jump

salvajada (la) wild action, rude behavior

salvia (la) sage

salvo except

sangrar to bleed

sangre (la) blood

santo y seña password

santoral (el) calendar of saints' days

saquear to loot

saqueo (el) sacking

saquito small pouch (dim.)

sardinel (el) U-shaped structure

sargazo (el) sargasso (a weed)

sastre (el) tailor

savia (la) sap (of a tree)

sazón (la) time, occasion, opportunity
  a la sazón at that moment

secuestro (el) kidnapping

seda (la) silk

seguir to follow
  en seguida right away

según according to

seguro (el) insurance

selva (la) jungle

sellar to stamp

semblante (el) appearance

sembrar to plant; to cultivate; to sow

semejanza (la) similarity

semilla (la) seed

sentido (el) meaning, sense
  tener sentido to make sense

seña (la) sign
  señas (las) address, direction
  santo y seña (el) password

señal (la) sign

señalar to point out

ser (el) being

sereno (el) night watchman

serpenteante winding

servicial obliging

servicio (el) servants

servir to be of use

siervo (el) servant

sietemesino/a (el, la) seven-month child; runt (coll.)

sigiloso/a stealthy, silent

significado (el) meaning

silbido (el) whistle

sillón (el) arm chair

simpatía (la) pleasantness; congeniality

simulacro (el) show, mock appearance

sindicalista pertaining to labor unions

sin embargo nevertheless

sindicato (el) labor union

sinrazón (la) injustice, madness

siquiera at least
  ni siquiera not even

sirena (la) mermaid; siren

sobra (la) left-over

sobrar to be left over

sobrellevar to bear

sobresalir to protrude

sobresaltar to startle

sobresalto (el) sudden fright

sobrevenir to occur suddenly, happen

sobreviviente (el, la) survivor

sobrevivir to survive

sobrevolar to fly over

sol (el) sun; Peruvian unit of exchange

soldado (el) soldier

soldar to solder

soledad (la) solitude, loneliness

soler to be in the habit of

solicitar to ask for

soltar to release; to come out with (words)

soltero (el) bachelor

sollozar to sob

sombra (la) shadow, image

sombrerazo (el) doffing of the hat

sombrío/a somber

son (el) sound
  al son de to the sound of

sonámbulo/a sleepwalking

sonar to ring

soñador/a (el, la) dreamer

soplar to blow

sopor (el) lethargy

sorprendente surprising

sorprendido/a surprised

sorpresa (la) surprise

sortear to avoid

sosegado/a calm

suave soft

suavidad (la) softness

súbdito (el) subject

súbitamente suddenly

subrayar to underline

suceder to happen

suceso (el) event

sucumbir to succumb; to perish

sucursal (la) branch office

sudar to perspire

sudor (el) sweat, perspiration

suela (la) sole

sueldo (el) salary

suelo (el) floor

sufrir to undergo, experience; to suffer

sugerencia (la) suggestion

sugerir to suggest

sujetar to hold down

sumergir to plunge

suplicar to beg

suponer to suppose

supuesto/a supposed, assumed
  por supuesto of course

surco (el) furrow

surgir to emerge, appear

superar to surpass
suponer to have authority
suspicacia (la) suspicion; distrust
suspicaz suspicious
suspirar to sigh
susto (el) fright
susurrar to murmur, whisper
susurro (el) whisper, murmur
sutil subtle

tabacal (el) tobacco field or plantation
tabique (el) partition
tabla (la) plank
tacón (el) heel of shoe
tal/-es como such as
talón (el) heel
tallado/a carved
tallador (el) cutter; carver
tamaño (el) size, dimension
tambalearse to stagger
tambor (el) drum
tantito/a (el, la) little bit
tapar to cover
tapón (el) plug
tarjeta (la) card
tartamudear to stutter
tataranieto (el) great-great-grandson
tejido (el) woven fabric
tela (la) fabric
telón (el) drop curtain
tema (el) theme
temblar to tremble
temblor (el) shake, tremor
temeroso/a fearful
temor (el) fear
temporada (la) period (of time)
temporal (el) rainy season

tenaz unyielding, strong
tender to extend; to stretch out
teñido/a dyed
terciado/a crosswise
terciopelo (el) velvet
terrateniente (el) landlord
terregal (el) land composed of fine, loose dirt
terreno (el) plot of land
tesoro (el) treasure
texto (el) script
tibio/a warm
tiburón (el) shark
tierno/a tender, young
tiesto (el) broken piece of earthenware
timbrazo (el) ring (of phone, doorbell)
timbre (el) bell
tintinear to jingle
tintura (la) tint, dye
tiñoso/a scabby
tira (la) strip
tirar to throw; to pull, draw
tiro (el) shot
tobillo (el) ankle
tomar to take; to drink
impulso to speed up
sol to sunbathe
tomillo (el) thyme
toquetear to handle
torcer to turn (in a new direction)
tornero (el) lathe operator, machinist
tortuga (la) turtle; tortoise
trabar to join together
traición (la) betrayal
tragaluz (el) skylight
tragar to swallow
trago (el) drink
traje (el) suit
sastre tailored suit
trama (el) weft, woof (of fabric)
trampa (la) trap
trancar to obstruct

transcurso (el) course
trapo (el) rag
tras behind
trasladar(se) to move
traspasar to go through
trastabillar to stumble; to reel
trastornado/a upset, disturbed
tratar to treat
tratarse de to involve
trato (el) agreement
través (el) slant, inclination, bias
a través de through
travesaño (el) crosspiece, crossbar
tremolar to wave (a flag)
trenzarse to become entwined
trepar to climb
treta (la) trick
trineo (el) sleigh
trinquete (el) boom
tripudo/a pot-bellied
triturar to grind
tronar to thunder
tropezar to stumble
tropiezo (el) obstacle
trotacalles (la) streetwalker
trotar to hustle
trozo (el) piece
tubo de labios (el) lipstick
tuétano (el) marrow
tutear to address someone with the familiar "tú" form

últimamente lately
umbral (el) threshold
unir(se) to join
untar to apply; to spread; to rub
uña (la) finger and toe nails
urgir to be urgent
uva (la) grape

vaca (la) cow
vaciar to mold; to empty
vacilar to vacillate
vacío/a empty
vago (el) loafer, bum
valer to be worth
  la pena to be worthwhile
  más vale it's better
valiente brave
valor (el) courage; value
vano/a useless, futile
vara (la) stick
varado/a run aground
varón (el) male
vasija (la) vessel, container
vecino/a (el, la) neighbor
vega (la) fertile lowland
vejamen (el) affront
vela (la) sail
velado/a veiled, hidden
velar to watch over
vendar to blindfold; to bandage
vengar(se) to take revenge
venta (la) sale
ventaja (la) advantage
ventilar to brandish; to air
venturo/a coming
venturoso/a lucky
veras (las) truth, reality

de veras really, truly
verdadero/a real, true
verdura (la) vegetable
vergüenza (la) shame
versar to make up verses, songs
vertiginosamente rapidly
vez (la) time, turn
  a la vez at the same time
  a su vez for his part; in turn
  de una vez once and for all
  en vez de instead of
viciado/a foul
vidrio (el) glass; shop window
vigente present
vigilar to watch over
vileza (la) vileness
villa (la) town
violáceo/a violet-colored
viraje (el) change of direction
visaje (el) grimace
visillo (el) sheer curtain
víspera (la) eve
vitrina (la) showcase
viuda (la) widow
vivienda (la) house; dwelling
volver to return
  volver a + infinitivo to + infinitive again

volverse to become; to turn around
voluntad (la) will; strength
voracidad (la) greediness
vos you (singular)
vuelo (el) flight
vuelta (la) turn
  de vuelta return trip, back
  vuelta de carnero thud, bump

yagua (la) upper part of palm tree, used for thatching
yaraví (el) type of melancholy Andean song
yegua (la) mare
yema (la) fingertip; yolk
yeso (el) plaster
yodo (el) iodine

zaguán (el) hall
zahorí insightful
zambullir to dive, plunge
zangolotear to shake violently
zopilote (el) buzzard
zorra (la) fox
zumbido (el) buzzing
zumo (el) juice

Credits

The authors gratefully express their appreciation to the individuals and institutions listed below who granted permission to reproduce the literary selections contained in this anthology.

Carlos Fuentes, excerpts from *La muerte de Artemio Cruz*, copyright © 1962 by Carlos Fuentes, reprinted by permission of Brandt and Brandt Literary Agents, Inc. Carmen Naranjo, an excerpt from *Los perros no ladraron*, reprinted by permission of the author. Juan Rulfo, "Nos han dado la tierra", reprinted by permission of Fondo de Cultura Económica. Rosario Castellanos, "Valium 10", from *Poesía no eres tú: Obra Poética 1948-1971*, México: Fondo de Cultura Económica, 1972, reprinted by permission of the publisher. Moema Viezzer, excerpts from *"Si me permiten hablar": testimonio de Domitila, una mujer de las minas de Bolivia*, reprinted by permission of Hugo Van Hoecke. Elena Poniatowska, "Cine Prado", reprinted by permission of the author. Abelardo Díaz Alfaro, "Santa Clo va a la Cuchilla", reprinted by permission of the author and Editorial Cordillera. Nicolás Guillén, "El apellido", reprinted by permission of the author. Ernesto Cardenal, "Economía de Tahuantinsuyu", reprinted by permission of the author. Ariel Dorfman, "Identidad", reprinted by permission of Thomas Colchie Associates, Inc. Jacobo Timerman, excerpts from *Preso sin nombre, celda sin número*, reprinted by permission of Random House, Inc./Alfred Knopf, Inc. Mario Benedetti, "Los astros y vos", reprinted by permission of the author and Editorial Nueva Imagen. Claribel Alegría, "Flores del volcan", reprinted from "Flowers from the Volcano", and translated by Carolyn Forché, reprinted by permission of the University of Pittsburgh Press; copyright © 1982 by Claribel Alegría and Carolyn Forché. Osvaldo Dragún, "El hombre que se convirtió en perro", reprinted by permission of the author. Manuel Scorza, an excerpt from *Redoble por Rancas*, reprinted by permission of the author. Luisa Valenzuela, "De noche soy tu caballo", from the collection entitled *Cambio de armas*, Hanover: Ediciones del Norte, 1982, reprinted by permission of the publisher. Julio Cortázar, "La isla a mediodía" from *Todos los fuego el fuego*, Buenos Aires: Editorial Sudamericana, 1972, reprinted by permission of the publisher. Gabriel García Márquez, "El ahogado más hermoso del mundo", reprinted by permission of the author and Carmen Balcells.